Conoce
tu
Biblia

Los 66 libros
explicados y aplicados

Conoce
tu
Biblia

Paul Kent

≋CASA PROMESA
Una división de Barbour Publishing, Inc.

Desarrollo editorial: Semantics, Inc.
semantics01@comcast.net

Publicado por Casa Promesa, 1810 Barbour Drive, Uhrichsville, Ohio 44683, www.casapromesa.com

Nuestra misión es inspirar al mundo con el mensaje transformador de la Biblia.

Member of the
Evangelical Christian
Publishers Association

Contenido

INTRODUCCIÓN

A través de sesenta y seis libros diferentes, 1.189 capítulos y cientos de miles de palabras, la Biblia expresa un mensaje extraordinario: Dios te ama.

Desde el primer capítulo de Génesis, en el que Dios crea a los seres humanos, hasta el último de Apocalipsis, en el que los invita a todos a tomar «del agua de la vida gratuitamente» (22.17), la Biblia comprueba que Él está íntimamente involucrado, familiarizado y preocupado por la vida de las personas. Su asombroso amor se muestra en la muerte de su Hijo Jesucristo en la cruz. Ese sacrificio por el pecado permite que cualquiera pueda estar bien con Dios mediante una fe simple en la obra de Jesús.

Estas verdades se encuentran en las páginas de la Escritura. Aunque a veces pueden quedar ocultas por la gran cantidad de información que la Biblia contiene. Es por ello que se escribió *Conoce tu Biblia*.

En este pequeño libro, encontrarás estudios breves de todos los sesenta y seis libros de la Biblia. Cada resumen que esta obra trata está enfocado en el marco del amor de Dios y su preocupación por la gente. Cada uno de ellos sigue el esquema a continuación:

> FECHA: cuándo se escribió el libro o el tiempo en que se desarrolló.

> EN POCAS PALABRAS: «un vistazo breve» a la clave del tema de cada libro.

> PERSONAJES: una lista de personajes principales del libro, ya sean personas, seres espirituales o naciones.

> EN EL MAPA: una breve descripción de dónde tienen lugar los acontecimientos del libro.

> VISTAZO GENERAL: un resumen de los hechos y mensajes clave contemplados en el libro.

> DIGNO DE RESALTAR: uno, dos o varios versículos clave del libro.

SE COMENTA: citas interesantes de cristianos de la historia acerca del libro.

ÚNICO E INUSUAL: hechos —algunos serios, otros menos— que hacen que el libro se distinga.

APLICACIÓN: un pensamiento o devocional de inspiración para cada libro.

Tu Biblia es importante, sin duda vale la pena conocerla. ¡Utiliza este libro para iniciar una jornada de descubrimiento que realmente pueda transformar tu vida!

GÉNESIS

No se indica, pero tradicionalmente se atribuye a Moisés.

FECHA
Moisés vivió alrededor del año 1400 A.C., pero los acontecimientos de Génesis datan desde el comienzo del tiempo.

EN POCAS PALABRAS
Dios crea el mundo y escoge a un pueblo especial.

PERSONAJES
- *Dios:* inexplicado e inexplicable
- *Adán y Eva:* primeros humanos, creados por Dios mismo
- *La serpiente:* tienta con éxito a Adán y Eva para que pequen
- *Caín y Abel:* primeros hijos; primer asesino y primera víctima, respectivamente
- *Noé:* hombre justo, constructor del arca, restaura la población humana y animal después del diluvio
- *Abraham:* elegido por Dios como padre de una gran nación
- *Sara:* esposa estéril de Abraham; madre del bebé milagroso Isaac; abuela de Jacob
- *Jacob:* también llamado «Israel», padre de doce hijos que dirigieron las «tribus» de la nación de Dios
- *José:* el hijo favorito de Jacob; vendido como esclavo, pero se convierte en el vicefaraón de Egipto

EN EL MAPA
Génesis comienza en el «Creciente Fértil» de Oriente Medio, hoy día Irak, luego se traslada a la tierra de Canaán (en la actualidad Israel), y termina en la tierra de Egipto.

VISTAZO GENERAL
El primer libro de la Biblia nunca explica a Dios, simplemente asume su existencia: «En el principio … Dios …» (1.1). Los capítulos 1 y 2 describen cómo Dios creó el universo y todas las cosas, con una simple frase: «Y dijo Dios … Y fue así» (1.6–7, 9, 11, 14–15). Los seres humanos, sin embargo, recibieron un tratamiento especial, de modo

que «Dios formó al hombre del polvo de la tierra, y sopló en su nariz aliento de vida» (2.7), y la mujer fue hecha de una costilla del hombre. Las primeras dos personas, Adán y Eva, vivieron en la perfección, pero arruinaron el paraíso por desobedecer a Dios a instancias de una «sutil» (astuta, 3.1) serpiente. El pecado precipitó a los humanos a una estrepitosa caída moral en la que el primer hijo —Caín— asesinó a su hermano Abel. La gente pecaba tanto que Dios decidió acabar con la tierra por medio del diluvio, salvando sólo al justo Noé y su familia en un arca (barco), llena de animales. Después de repoblar la tierra, Dios escoge a un hombre llamado Abram como patriarca de un pueblo especialmente bendecido, más tarde llamado «Israel», un nombre alterno de Jacob, el nieto de Abram. Génesis concluye con José, el hijo de Jacob, por una cadena de acontecimientos milagrosos, rigiendo en Egipto, preparando el escenario del siguiente libro, Éxodo.

DIGNO DE RESALTAR

- Y dijo Dios: Sea la luz; y fue la luz (1.3).
- Y vio Dios todo lo que había hecho, y he aquí que era bueno en gran manera. Y fue la tarde y la mañana el día sexto. (1.31)
- Y Jehová dijo a Caín: ¿Dónde está Abel tu hermano? Y él respondió: No sé. ¿Soy yo acaso guarda de mi hermano? (4.9)
- Pero Noé halló gracia ante los ojos de Jehová. (6.8)
- Y creyó [Abraham] a Jehová, y le fue contado por justicia. (15.6)
- Y les respondió José: No temáis; ¿acaso estoy yo en lugar de Dios? Vosotros pensasteis mal contra mí, mas Dios lo encaminó a bien, para hacer lo que vemos hoy, para mantener en vida a mucho pueblo. (50.19–20)

SE COMENTA

El primer versículo de la Biblia nos ofrece una explicación satisfactoria y útil del origen de la tierra y de los cielos. La fe de los cristianos humildes entiende esto mejor que la fantasía de los hombres más instruidos.
Matthew Henry

Las raíces de toda revelación posterior tienen hondas raíces en Génesis, y cualquiera comprendería que la revelación debe comenzar aquí.
C. I. Scofield

ÚNICO E INUSUAL

Génesis rápidamente introduce el concepto de un Dios en múltiples personas, un concepto más tarde llamado *Trinidad*: «Entonces dijo Dios: Hagamos al hombre a *nuestra* imagen, conforme a *nuestra* semejanza» (1.26). Además, con mucha anticipación, Dios nos da una idea acerca del sufrimiento futuro de Jesús y su triunfo cuando maldice a la serpiente por engañar a Eva: «Y pondré enemistad entre ti y la mujer, y entre tu simiente y la simiente suya; ésta te herirá en la cabeza, y tú le herirás en el calcañar» (3.15).

APLICACIÓN

Génesis responde a la gran pregunta: «¿De dónde vengo?». Conocer la respuesta puede darnos significado en un mundo que, de otra manera, sería difícil de entender.

ÉXODO

AUTOR
No se indica, pero tradicionalmente se atribuye a Moisés. En Éxodo 34.27 Dios le dice a Moisés: «Escribe tú estas palabras»; y Jesús, en Marcos 12.26, cita palabras del Éxodo como «el libro de Moisés».

FECHA
Aproximadamente a mediados de 1400 A.C.

EN POCAS PALABRAS
Dios libera a su pueblo, los israelitas, de la esclavitud en Egipto.

PERSONAJES
- *Dios:* aparece como una zarza ardiente y, después, le entrega los Diez Mandamientos a Moisés
- *Moisés:* nace en la esclavitud; se convierte en príncipe de Egipto; conduce a los hebreos a la libertad
- *Hija del Faraón:* la Biblia no da su nombre; adopta al bebé
- *Sifra y Fúa:* parteras hebreas que desoyeron las instrucciones del Faraón de matar a los bebés varones
- *Aarón:* hermano de Moisés; portavoz y ayudante de Moisés, quien era «tardo en el habla»
- *Faraón:* se niega a liberar a los hebreos; acarrea plagas sobre su pueblo
- *Miriam:* hermana de Moisés; lo oculta entre los juncos; más tarde, profetisa hebrea
- *Séfora:* esposa de Moisés; madre de Gersón y de Eliezer

EN EL MAPA
En Éxodo, abandonan Egipto y emprenden a continuación el largo camino por la península del Sinaí, antes de vagar por el desierto de Parán.

VISTAZO GENERAL
Los israelitas prosperan en Egipto, después de haberse establecido allí por invitación de José, bisnieto de Abraham, que llegó al país como esclavo y se convirtió en el segundo al mando de ese país. Cuando José muere, el nuevo faraón ve a la familia de los israelitas como una amenaza creciente, por lo que los hace sus esclavos. Dios escucha los profundos

gemidos de los israelitas, recordando «su pacto con Abraham, Isaac y Jacob» (2.24), por lo cual levantó a Moisés como su libertador. Dios habla a través de una zarza ardiente y Moisés acepta a regañadientes exigir la libertad de los israelitas a Faraón. Para quebrantar la voluntad de Faraón, Dios envía diez plagas sobre Egipto terminando con la muerte de todos los primogénitos, excepto los de los israelitas. Para evitar la muerte de sus primogénitos, ellos pusieron la sangre del sacrificio sobre los dinteles de las puertas, lo que hizo que Jehová «pasara por alto» (12.13) sus casas. Faraón al fin permite que los israelitas salgan del país (el «Éxodo»), y Dios divide el mar Rojo para que su pueblo que estaba siendo perseguido por soldados egipcios lo atravesara. En el monte Sinaí, Dios entrega los Diez Mandamientos, las reglas para el culto y las leyes para transformar a la familia en una nación. Como Moisés se demoró en la montaña, la gente empezó a adorar a un becerro de oro, trayendo una plaga sobre ellos mismos. Moisés vuelve a restaurar el orden y el Éxodo termina con el pueblo que continúa su viaje hacia la «tierra prometida» de Canaán, siguiendo la «columna de nube» de Dios por el día, y la «columna de fuego» por la noche.

Digno de resaltar

- Y dijo: No te acerques; quita tu calzado de tus pies, porque el lugar en que tú estás, tierra santa es. (3.5)
- Y he descendido para librarlos de mano de los egipcios, y sacarlos de aquella tierra a una tierra buena y ancha, a tierra que fluye leche y miel. (3.8)
- Y respondió Dios a Moisés: YO SOY EL QUE SOY. Y dijo: Así dirás a los hijos de Israel: YO SOY me envió a vosotros. (3.14)
- Jehová ha dicho así: Deja ir a mi pueblo. (8.1)
- Y veré la sangre y pasaré de vosotros. (12.13)
- No tendrás dioses ajenos delante de mí. (20.3)

Se comenta

El libro de Éxodo relata la formación de los hijos de Israel en una iglesia y una nación. Hasta ahora hemos visto la religión verdadera mostrada en la vida doméstica; ahora comenzamos a apreciar sus efectos en los asuntos de los reinos y de las naciones.
Matthew Henry

Moisés preservó los registros de la iglesia, mientras esta existía en las familias privadas, en el primer libro de su historia; en el segundo libro

viene a proporcionarnos una explicación de su crecimiento hasta llegar a ser una gran nación.
John Wesley

Único e inusual
Dios les dijo a los israelitas que celebraran la «Pascua» con una comida especial de pan sin levadura (12.14–15). Tres mil años más tarde, los judíos todavía conmemoran este acontecimiento.

Aplicación
La historia de la redención en el Éxodo es una clara exposición de cómo Dios rescata a su pueblo de la esclavitud egipcia. De la misma manera, Jesús nos liberta de los lazos del pecado (Hebreos 2.14–15).

LEVÍTICO

Autor
Aun cuando no se indica, tradicionalmente es atribuido a Moisés.

Fecha
Aproximadamente a mediados de 1400 a.c.

En pocas palabras
El Dios santo explica cómo se le debe adorar.

Personajes
- *Dios:* vivía entre los hebreos y le daba instrucciones a Moisés
- *Moisés:* comunicaba la palabra de Dios a los hebreos; y estableció el sacerdocio
- *Aarón:* él y sus hijos asumen su papel como sacerdotes de los hebreos
- *Nadab y Abiú:* hijos de Aarón; murieron por acercarse a Dios de forma incorrecta
- *Eleazar e Itamar:* los hijos sobrevivientes de Aarón; sacerdotes
- *El hijo de Selomit:* un blasfemo que es apedreado

En el mapa
Levítico consiste en un recitado de leyes e instrucciones para la adoración, así que no implica un viaje, sino que tiene lugar en el tabernáculo de reunión, en algún lugar del desierto del Sinaí.

Vistazo general
Levítico, que significa «acerca de los levitas», describe cómo ese linaje debe dirigir a los israelitas en la adoración. El libro proporciona leyes ceremoniales, frente a las morales de Éxodo, y describe las ofrendas a Dios, las restricciones dietéticas y los ritos de purificación. Los días especiales o santos —como el sábado, la Pascua y el de Expiación (Yom Kippur)— se deben guardar. La familia de Aarón, el hermano de Moisés, es ordenada formalmente como sacerdotes de Israel. Levítico enumera varias bendiciones de la obediencia y más castigos a la desobediencia.

Digno de resaltar
- Y para enseñar a los hijos de Israel todos los estatutos que Jehová les ha dicho por medio de Moisés. (10.11)

- Seréis santos, porque yo [Dios], soy santo. (11.44)
- La vida de la carne en la sangre está ... y la misma sangre hará expiación de la persona. (17.11)
- Por tanto, guardaréis mis estatutos y mis ordenanzas, los cuales haciendo el hombre, vivirá en ellos. Yo Jehová. (18.5)
- No te vengarás, ni guardarás rencor a los hijos de tu pueblo, sino amarás a tu prójimo como a ti mismo. Yo Jehová. (19.18)
- Pero a vosotros os he dicho: Vosotros poseeréis la tierra de ellos, y yo os la daré para que la poseáis por heredad, tierra que fluye leche y miel. Yo Jehová vuestro Dios, que os he apartado de los pueblos. (20.24)
- Habéis, pues, de serme santos, porque yo Jehová soy santo, y os he apartado de los pueblos para que seáis míos. (20.26)

SE COMENTA

Aquí, las comunicaciones de Dios son un complemento de su presencia en su tabernáculo ... Ya no es el dador de las leyes, que establece normas desde arriba ... sino alguien que está en medio de su pueblo y prescribe las condiciones de sus relaciones con Él.
John Darby

Los diversos sacrificios, ritos y ceremonias mencionadas en él [Levítico] eran un tipo de Cristo, y las sombras de las cosas buenas que vendrían a través de Él: existen muchas cosas en él que arrojan gran luz a diversos pasajes del Nuevo Testamento, y es digno de lectura y diligente consideración.
John Gill

A este libro se le ha dado el nombre de *Levítico*, tomado de la Septuaginta, porque contiene las leyes y las ordenanzas del *sacerdocio levítico*, y sus ministerios. Los levitas se encargaban principalmente de estas instituciones, tanto para llevar a cabo su parte como para enseñar al pueblo a cumplir con la suya.
Matthew Henry

ÚNICO E INUSUAL

El escritor de Hebreos contrasta los sacrificios de sangre de Levítico con la muerte de Jesús en la cruz, diciendo «que no tiene necesidad cada día, como aquellos sumos sacerdotes, de ofrecer primero sacrificios ... porque esto lo hizo una vez para siempre, ofreciéndose a sí mismo» (7.27).

APLICACIÓN

A pesar de que no vivimos bajo las normas de Levítico, todavía servimos a un Dios santo; por lo que le debemos tratar como tal.

Números

Autor
No se indica, pero tradicionalmente atribuido a Moisés.

Fecha
Aproximadamente 1400 a.c.

En pocas palabras

Los israelitas vagaron cuarenta años en el desierto de Sinaí, dudando.

Personajes
- *Dios:* dispone que se celebre un censo y dirige a los israelitas hacia Canaán
- *Moisés:* dirige a su pueblo en la batalla y en la palabra del Señor
- *Aarón y María:* hermanos de Moisés; lo apoyan, pero están celosos de su esposa etíope
- *Eleazar:* hijo de Aarón; hereda el cargo de su padre
- *Samúa, Safat, Caleb, Igal, Oseas (Josué), Palti, Gadiel, Gadi, Amiel, Setur, Nahbi, Geuel:* espías enviados por Moisés para explorar Canaán
- *Balaam:* su burra parlante y un ángel del Señor lo advierten de que no se oponga a los israelitas
- *Finees:* nieto de Aarón; aleja la ira de Dios de los israelitas
- *Amram y Jocabed:* nombrados en el segundo censo como padres de Moisés.
- *Maala, Noa, Hogla, Milca y Tirsa:* hijas de Zelofehad; plantean el caso de la herencia femenina

En el mapa
Los israelitas viajaron desde el monte Sinaí (en la actualidad Egipto) hasta el monte Hor (cuya ubicación es incierta), donde fallece Aarón, y hacia el este de Canaán (hoy día Jordania, del otro lado del río desde Jericó), donde muere Moisés.

Vistazo general
Números comienza con un censo —de ahí el nombre del libro. Catorce meses después de salir los israelitas de Egipto, el número de hombres era 603.550, sin incluir los levitas. Esta cantidad de gente, la recién formada nación de Israel, comienza una marcha de aproximadamente

trescientos veintiún kilómetros hacia la «tierra prometida» de Canaán, un viaje que tardaría décadas en completarse. El retraso fue un castigo de Dios a la gente que se quejaba por la falta de alimentos y agua; se rebelaron contra Moisés y dudaron en entrar a Canaán, debido a los poderosos que ya vivían allí. Dios decretó que toda esa generación moriría en el desierto, dejando la tierra prometida a una nueva generación de israelitas más obediente.

Digno de resaltar

- Jehová te bendiga, y te guarde; Jehová haga resplandecer su rostro sobre ti, y tenga de ti misericordia; Jehová alce sobre ti su rostro, y ponga en ti paz. (6.24–26)
- Jehová, tardo para la ira y grande en misericordia, que perdona la iniquidad y la rebelión. (14.18)
- Dios no es hombre, para que mienta, ni hijo de hombre para que se arrepienta. Él dijo, ¿y no hará? Habló, ¿y no lo ejecutará? (23.19)
- Y Jehová dijo a Aarón: De la tierra de ellos no tendrás heredad, ni entre ellos tendrás parte. Yo soy tu parte y tu heredad en medio de los hijos de Israel. (18.20)

Se comenta

Este libro lleva este título por el número de los hijos de Israel ... porque era el extraordinario cumplimiento de la promesa de Dios a Abraham: su simiente sería tan numerosa como las estrellas del cielo. También se refiere a los dos recuentos del pueblo, uno en el monte Sinaí y el otro en las llanuras de Moab, treinta y nueve años después. Y no había ni tres hombres en este último censo que aparecieran también en el primero.
Matthew Henry

El libro de Números nos lleva por el desierto hasta el momento anterior a la entrada del pueblo a la tierra de la promesa, al término del viaje por el desierto, y habla de la gracia que justifica a las personas al final, a pesar de toda su infidelidad.
John Darby

Único e inusual

Hasta Moisés perdió la bendición de entrar a la tierra prometida, como castigo por desobedecer a Dios cuando golpeó la roca en lugar de hablarle, una peña de la que Dios haría brotar agua milagrosamente (20.1–13).

Dios odia el pecado y lo castiga. Debemos estar agradecidos porque Jesús tomó ese castigo por nosotros.

Deuteronomio

Autor
Tradicionalmente atribuido a Moisés, esta idea se fundamenta en Deuteronomio 31.9: «Y escribió Moisés esta ley, y la dio a los sacerdotes … y a todos los ancianos de Israel». El capítulo 34 registra la muerte de Moisés, la cual fue probablemente escrita por su sucesor, Josué.

Fecha
Aproximadamente 1400 a.c.

En pocas palabras
Moisés les recuerda a los israelitas su historia y las leyes de Dios.

Personajes
- *Dios:* de quien no hay que olvidarse en los buenos momentos; entierra a Moisés
- *Moisés:* vuelve a recordar la ley y la historia de su pueblo, en un mensaje de advertencia, de amor y de despedida
- *Josué:* el futuro líder
- *Caleb:* elogiado por Dios por seguir las instrucciones cuando los demás tuvieron miedo
- *Abraham, Isaac, Jacob:* recordados como los padres de la nación; Dios les prometió grandes cosas
- *Faraón:* recordado por pensar que podía mantener en la esclavitud al pueblo de Dios, cuando en realidad no pudo
- *Aarón:* muere en Mosera
- *Eleazar:* hijo de Aarón; después de Mosera, sucede a su padre
- *Datán, Abiram:* Moisés le recuerda al pueblo cómo la tierra se tragó sus hogares como castigo

En el mapa
Deuteronomio es la reafirmación de las leyes y de la historia de los israelitas, así que no incluye un viaje, pero acaba en el monte Nebo (en Jordania), donde muere Moisés, con la tierra prometida ya a la vista.

Vistazo general
Con un nombre que significa «segunda ley», Deuteronomio registra las palabras finales que Moisés les dijo a los israelitas para preparar su entrada

en la tierra prometida. Cuarenta años pasaron desde que Dios dictó su ley en el monte Sinaí, y toda la generación que experimentó ese trascendental acontecimiento murió. De modo que Moisés le recuerda a la nueva generación tanto los mandamientos divinos como su historia nacional, ya que se preparan para la entrada a Canaán. La invasión se producirá bajo el liderazgo de Josué, ya que Moisés sólo verá la tierra prometida desde el monte Nebo. «Y murió allí Moisés siervo de Jehová … Y lo [Dios] enterró en el valle, en la tierra de Moab … y ninguno conoce el lugar de su sepultura hasta hoy» (34.5–6). Y tenía Moisés 120 años de edad.

Digno de resaltar

- Seis días trabajarás, y harás toda tu obra. (5.13)
- Oye, Israel: Jehová nuestro Dios, Jehová uno es. (6.4)
- Amarás a Jehová tu Dios de todo tu corazón, y de toda tu alma, y con todas tus fuerzas. (6.5)
- El Dios celoso, Jehová tu Dios, en medio de ti está. (6.15)
- Profeta de en medio de ti, de tus hermanos, como yo, te levantará Jehová tu Dios; a él oiréis. (18.15)

Se comenta

Moisés estaba a punto de dejarlos ya, así que, como deseaba de todo corazón el bien de todos ellos, dedica el poco tiempo que le queda a estar con ellos, a inculcarles y grabar en ellos las leyes de Dios.
John Gill

En gran parte, el propósito de repetir así la ley divina era para honrarla; ¡cuántas grandezas encerraba aquella ley que se inculcó de esta forma, y cuán inexcusables serían aquellos que *la tuvieran por cosa extraña!*
Matthew Henry

Único e inusual

Las citas de Deuteronomio se presentan en el Nuevo Testamento docenas de veces, incluyendo tres acerca de la historia de la tentación de Jesús en el desierto, en Mateo 4.1–11. El Señor derrotó a Satanás mediante la reafirmación de Deuteronomio 8.3 («Para hacerte saber que no solo de pan vivirá el hombre, mas de todo lo que sale de la boca de Jehová vivirá el hombre»); 6.16 («No tentaréis a Jehová vuestro Dios»), y 6.13 («A Jehová tu Dios temerás, y a él solo servirás»). Los Diez Mandamientos, por lo general, se encuentran en Éxodo 20 y se repiten en su totalidad en Deuteronomio 5.

APLICACIÓN

Deuteronomio deja claro que las reglas y las expectativas de Dios no están destinadas a limitarnos ni a frustrarnos, sino a beneficiarnos: «Oye, pues, oh Israel, y cuida de ponerlos por obra, para que te vaya bien en la tierra que fluye leche y miel, y os multipliquéis, como te ha dicho Jehová el Dios de tus padres» (6.3).

JOSUÉ

AUTOR

Tradicionalmente atribuido a Josué, a excepción de los últimos cinco versículos (24.29–33), que describen su muerte y su legado.

FECHA

Aproximadamente 1375 A.C.

EN POCAS PALABRAS

Los israelitas conquistan y se establecen en la tierra prometida de Canaán.

PERSONAJES

- *Dios:* aconseja y exalta a Josué, como hizo con Moisés
- *Josué:* conduce a los israelitas a la tierra prometida
- *Rahab:* una prostituta; da refugio a los espías israelitas en Jericó
- *El Príncipe del ejército de Jehová:* aparece entre Jericó y Josué
- *Acán:* toma el botín dedicado a Dios
- *Los gabaonitas:* engañan a Josué para conseguir un tratado de paz
- *Adonisedec, Jabín, Jobab:* reyes que se opusieron a Josué
- *Eleazar:* hijo de Aarón; desempeña el papel de su padre como sacerdote
- *Finees:* sirve con su padre Eleazar como sacerdote
- *Caleb:* siendo ya anciano, hereda la tierra que espió para Moisés

EN EL MAPA

Josué lanza su ataque sobre Canaán desde Sitim (en la actualidad Jordania). Conquistan y dividen la tierra prometida (hoy día Israel y gran parte de Jordania) antes de que muera Josué y sea enterrado. La ciudad moderna de Kifl Haris, en Palestina, reivindica que su tumba se encuentra allí.

VISTAZO GENERAL

Al morir Moisés y toda una generación de israelitas desobedientes, Dios le habla a Josué para conducir al pueblo hacia Canaán, la tierra prometida. En Jericó, enfrentan el primer gran obstáculo; Rahab, la prostituta, ayuda a los espías israelitas y se gana la protección de la destrucción de la ciudad: Dios derrumba los muros. El ejército de Josué marcha alrededor de la ciudad, tocando trompetas y gritando. Josué conduce una exitosa campaña militar para eliminar de la tierra a los adoradores de ídolos:

hititas, amorreos, cananeos, ferezeos, heveos y jebuseos. En un momento dado, Dios contesta la oración de Josué para que el sol se detuviera, lo que le permite más tiempo para terminar la batalla (10.1–15). Las ciudades principales fueron conquistadas, Josué divide la tierra entre las doce tribus de Israel, recordando al pueblo que permanezca fiel al Dios que los guio a casa: «Quitad, pues, ahora los dioses ajenos que están entre vosotros, e inclinad vuestro corazón a Jehová Dios de Israel» (24.23).

Digno de resaltar

- Mira que te mando que te esfuerces y seas valiente; no temas ni desmayes, porque Jehová tu Dios estará contigo en dondequiera que vayas. (1.9)
- El respondió: No; mas como Príncipe del ejército de Jehová he venido ahora. (5.14)
- Y no hubo día como aquel, ni antes ni después de él, habiendo atendido Jehová a la voz de un hombre; porque Jehová peleaba por Israel. (10.14)
- Un varón de vosotros perseguirá a mil; porque Jehová vuestro Dios es quien pelea por vosotros, como él os dijo. (23.10)
- Escogeos hoy a quién sirváis … Yo y mi casa serviremos a Jehová. (24.15)

Se comenta

Finalmente, hemos visto … sus propósitos con respecto a su pueblo, propósitos que cumpliría para su propia gloria. Esto nos lleva a la toma de posesión de la tierra de la promesa por parte del pueblo bajo el liderazgo de Josué.
John Darby

Cabría pensar que cualquier nación que tuviera estatutos y juicios tan justos debería haber sido muy santa. Pero, por desgracia, la ley no perfeccionó nada; tenía que hacerse introduciendo una esperanza mejor.
John Wesley

Único e inusual

Josué es uno de los pocos grandes personajes de la Biblia que parecía hacerlo todo bien; era un líder fuerte, totalmente entregado a Dios, que nunca cayó en pecado ni hay registro de que haya desobedecido. Solo se registra un error: la experiencia de Josué con los gabaonitas, uno de los grupos que debía haber destruido. Temiendo por sus vidas, ellos se presentaron ante Josué vestidos con ropas viejas, cargando panes enmohecidos y secos, alegando que habían llegado de una tierra lejana. Josué y los líderes de Israel, «no consultaron al consejo del Señor» (9.14) y acordaron establecer un tratado de paz. Cuando Josué supo la verdad, honró su acuerdo con los gabaonitas, pero los hizo esclavos.

Aplicación

Josué muestra una y otra vez cómo bendice Dios a su pueblo. La tierra prometida era el regalo de Él para ellos, al igual que las victorias militares que Él se ingeniaría.

JUECES

AUTOR
Desconocido; algunos sugieren que fue el profeta Samuel.

FECHA
Escrito aproximadamente en 1050 A.C., abarca los acontecimientos ocurridos ya en 1375 A.C.

EN POCAS PALABRAS
Israel pasa por ciclos de pecado, sufrimiento y salvación.

PERSONAJES
- *Dios:* ostenta el mando de los israelitas, por medio del «Ángel del Señor»
- *Aod:* un juez; le lleva un presente al rey Eglón con un «mensaje de Dios» letal
- *Samgar:* un juez; mata a seiscientos filisteos con una aguijada de bueyes
- *Débora:* la única jueza; una profetisa
- *Barac:* comandante de las fuerzas israelitas
- *Jael:* mata al oponente de Barac, Sísara, con la estaca de una tienda
- *Gedeón:* el menor de su familia; progresa hasta convertirse en un gran juez
- *Abimelec:* hijo de Gedeón; asesina a sus setenta hermanos
- *Jefté:* sacrifica involuntariamente a su hija para celebrar la victoria
- *Sansón:* un juez, destruye el templo de Dagón

EN EL MAPA
Tiene lugar en una tierra prometida por la que seguían luchando. La casa de Judá conquistó lugares notables, incluido Jerusalén; Zora (cerca de Jerusalén), donde nació Sansón; y Gaza (en la actualidad, la franja de Gaza) donde muere Sansón.

VISTAZO GENERAL
Después de la muerte de Josué, los israelitas pierden el ímpetu y la motivación de mantener a la gente pagana fuera de la tierra prometida. «Mas al jebuseo que habitaba en Jerusalén no lo arrojaron los hijos de Benjamín» (1.21) es una declaración característica de muchas tribus que permiten a los adoradores de ídolos permanecer en medio de ellos

con resultados trágicos. «Mas vosotros no habéis atendido a mi voz», le dice Dios a su pueblo. «Serán azotes para vuestros costados, y sus dioses os serán tropezadero» (2.2–3). Eso es exactamente lo que sucede, así es como los israelitas inician un ciclo adorando ídolos, sufriendo el castigo por los atacantes, clamando a Dios por ayuda y recibiéndola en forma de juez humano (o «libertador») que restaura el orden. Algunos jueces menos conocidos incluyen a: Otoniel, Ehud, Tola, Jair y Jefté, mientras otras figuras más familiares son: Débora, la única jueza, que dirigió una victoria militar contra los cananeos; Gedeón, que probó la voluntad de Dios con un vellón y derrotó a los ejércitos de Madián, y el sorprendentemente fuerte Sansón, que derrotó a los filisteos. La gran debilidad de Sansón es su amor por las mujeres fáciles como Dalila, que lo condujo a su caída y posterior muerte en un templo filisteo.

Digno de resaltar

- Y Jehová levantó jueces que los librasen de mano de los que les despojaban. (2.16)
- Y el ángel de Jehová se le apareció, y le dijo: Jehová está contigo, varón esforzado y valiente. (6.12)
- Y Jehová dijo a Gedeón: El pueblo que está contigo es mucho para que yo entregue a los madianitas en su mano, no sea que se alabe Israel contra mí, diciendo: Mi mano me ha salvado. (7.2)
- Entonces Sansón dijo: con la quijada de un asno, un montón, dos montones; con la quijada de un asno maté a mil hombres. (15.16)
- Asió luego Sansón las dos columnas de en medio, sobre las que descansaba la casa, y echó todo su peso sobre ellas, su mano derecha sobre una y su mano izquierda sobre la otra. (16.29)

Se comenta

Lo llaman ... el Libro de los Jueces de los Hijos de Israel; los juicios de esa nación eran peculiares, y también lo fueron sus jueces, cuya función difería enormemente de la de los jueces de las demás naciones.
Matthew Henry

El libro de los Jueces es la historia del fracaso de Israel. Josué pone ante nosotros la energía de Dios que actúa en medio del pueblo, aun a pesar de los posibles fracasos. En Jueces vemos el estado lamentable de la nación, que ahora se ha vuelto infiel; y, al mismo tiempo, la intervención del Dios de misericordia.
John Darby

Único e inusual

Algunos jueces tenían familias extrañas, según los estándares de hoy: Jair tuvo treinta hijos (10.4); Abdón tuvo cuarenta (12.14) e Ibzán treinta hijos y treinta hijas (12.9). Jefté solo tuvo uno, una hija, a quien tontamente prometió sacrificarla a Dios a cambio de una victoria militar (11.30–40).

Aplicación

Los antiguos israelitas se metieron en problemas porque «cada uno hacía lo que bien le parecía» (17.6; 21.25) en lugar de lo que Dios quería que hicieran. ¡No cometas el mismo error!

Rut

Autor
No se indica; algunos sugieren que fue Samuel.

Fecha
Rut, la bisabuela del rey David (que reinó aproximadamente del 1010 al 970 a.c.), probablemente vivió alrededor del año 1100 a.c.

En pocas palabras
Una nuera fiel que refleja la fidelidad, el amor y el cuidado de Dios.

Personajes
- *Dios:* en quien Noemí confía para la provisión
- *Noemí:* viuda e indigente; ayuda a establecer el linaje terrenal de Jesús
- *Mara:* El nombre que usa Noemí cuando se ve asolada por la amargura
- *Elimelec:* esposo de Noemí; llevó a su esposa a Moab para evitar la hambruna y después murió
- *Mahlón, Quelión:* hijos de Noemí; también fallecieron en Moab, por causas no especificadas
- *Orfa:* nuera de Noemí; regresa a su pueblo cuando enviuda
- *Rut:* nuera de Noemí; promete quedarse con Noemí, sin importarle lo que les pudiera suceder
- *Booz:* un hombre del clan de Elimelec; un pariente; se convierte en el esposo de Rut
- *El «pariente más cercano»:* un familiar cercano que se inhibió en favor de Booz
- *Obed:* hijo de Booz y Rut; también conocido como hijo de Noemí; abuelo del rey David

En el mapa
Elimelec toma a su esposa e hijos y los lleva desde Belén a Moab (en la actualidad, Jordania, al este del mar Muerto) para evitar la hambruna. Cuando los hombres fallecieron, Noemí y Rut regresaron a Belén.

Vistazo general
Rut, una gentil, se casa y forma parte de una familia judía. Cuando todos los hombres de la familia murieron, Rut se mostró leal a su

suegra, Noemí, viviendo con ella y trabajando en busca de alimento para su manutención. Rut recoge espigas de cebada en los campos de Booz, un hombre rico que se interesa en ella y ordena a sus trabajadores velar por ella. Noemí reconoce a Booz como familiar de su marido fallecido y la anima a buscarlo como a un «pariente cercano», uno que se casa con la viuda de un familiar para continuar la línea sanguínea. Booz se casa con Rut e inicia una prominente familia.

Digno de resaltar

- Respondió Rut: No me ruegues que te deje, y me aparte de ti; porque a dondequiera que tú fueres, iré yo, y dondequiera que vivieres, viviré. Tu pueblo será mi pueblo, y tu Dios mi Dios. (1.16)
- Donde tú murieres, moriré yo, y allí seré sepultada; así me haga Jehová, y aun me añada, que sólo la muerte hará separación entre nosotras dos. (1.17)
- Y ella les respondía: No me llaméis Noemí, sino llamadme Mara; porque en grande amargura me ha puesto el Todopoderoso. (1.20)
- Ella entonces bajando su rostro se inclinó a tierra, y le dijo: ¿Por qué he hallado gracia en tus ojos para que me reconozcas, siendo yo extranjera? (2.10)
- Booz, pues, tomó a Rut, y ella fue su mujer; y se llegó a ella, y Jehová le dio que concibiese y diese a luz un hijo. (4.13)
- El cual será restaurador de tu alma, y sustentará tu vejez; pues tu nuera, que te ama, lo ha dado a luz. (4.15)

Se comenta

El libro de Rut también narra la época de los jueces, cuando no había rey en Israel; pero nos muestra el lado justo de aquellos días, en las operaciones de la gracia de Dios, quien (¡bendito sea su nombre!) nunca dejó de obrar en medio del mal, así como el progreso continuo de los acontecimientos que llevaron al cumplimiento de sus promesas en el Mesías.
John Darby

De este libro se deriva la genealogía de David, a partir de Booz y Rut, y omite a los hermanos mayores de David y sus hijos; se escribió en honor de David, después de ser ungido rey por Samuel, antes de tener hijos en Hebrón y, por consiguiente, durante el reinado de Saúl.
Isaac Newton

ÚNICO E INUSUAL

Rut, de la tierra pagana de Moab, se casó con un hombre judío y se convirtió en la bisabuela del más grande rey de Israel, David, ascendiente de Jesucristo.

APLICACIÓN

Podemos confiar en que Dios proveerá lo que necesitemos, cuando lo necesitemos; y que actuará en nuestras vidas en formas mejores que las que jamás imaginamos.

I SAMUEL

AUTOR

No se indica. Probablemente fue el mismo Samuel, aunque algunos acontecimientos del relato de 1 Samuel suceden después de la muerte del profeta.

FECHA

Aproximadamente 1100–1000 A.C.

EN POCAS PALABRAS

Las doce tribus de Israel se unen bajo un rey.

PERSONAJES

- *Dios:* habla a sus sacerdotes Elí y Samuel
- *Ana:* le pide a Dios un hijo
- *Elí:* el sacerdote
- *Samuel:* se convierte en siervo del Señor en su niñez
- *Saúl:* primer rey de los israelitas
- *Jonatán:* hijo de Saúl, valiente y temeroso de Dios; el mejor amigo de David
- *Mical:* hija de Saúl; esposa de David
- *David:* pastor, arpista, guerrero valiente, futuro rey
- *Goliat:* paladín filisteo; de unos tres metros de altura
- *La bruja de Endor:* hace aparecer el espíritu de Samuel para Saúl

EN EL MAPA

Samuel es entregado a Elí, sacerdote en Silo, que era entonces la capital de Israel, ahora conocida como Khirbet Seilun, en Cisjordania. Samuel proclama a Saúl primer rey de Israel en Mizpa; se cree que se trataba de la moderna Tell en-Nasbeh, cerca de Jerusalén.

VISTAZO GENERAL

Ana, una mujer estéril, ruega a Dios por un hijo; prometiéndole devolvérselo al servicio de Él. Samuel nace y muy pronto es llevado al templo para servir bajo la tutela del sacerdote Elí. Tras la muerte de este, Samuel funge como juez y mensajero de Israel, sometiendo a los temibles enemigos de la nación, los filisteos. A medida que Samuel envejece, los líderes de las familias israelitas rechazan a sus hijos pecadores y piden un rey. Samuel les advierte que un monarca impuesto al pueblo puede forzarlos al servicio, pero ellos insisten y Dios le dice a Samuel que unja al notable, alto y guapo Saúl como el primer gobernante de Israel. El rey Saúl empieza bien, pero comienza tomando malas decisiones; por lo que ofrece un sacrificio a Dios, un trabajo reservado para los sacerdotes, y Samuel le dice a Saúl que será reemplazado. Su sucesor será un pastor de ovejas llamado David, que con la ayuda de Dios mata a un gigante guerrero filisteo llamado Goliat y se convierte en héroe de Israel. El celoso rey trata de matar a David, que huye para salvar su vida. David rechaza la oportunidad de matar a Saúl, diciendo: «Mas yo no quise extender mi mano contra el ungido de Jehová» (26.23). Al final de 1 Samuel, Saúl muere luchando contra los filisteos, dando paso a David como el nuevo monarca.

Digno de resaltar

- Jehová llamó a Samuel; y él respondió: Heme aquí (3.4)
- Y dijo Jehová a Samuel … no te han desechado a ti, sino a mí me han desechado, para que no reine sobre ellos. (8.7)
- Ciertamente el obedecer es mejor que los sacrificios, y el prestar atención que la grosura de los carneros. (15.22)
- Entonces dijo David al filisteo [Goliat]: Tú vienes a mí con espada y lanza y jabalina; mas yo vengo a ti en el nombre de Jehová de los ejércitos, el Dios de los escuadrones de Israel, a quien tú has provocado. (17.45)
- Y sabrá toda esta congregación que Jehová no salva con espada y con lanza; porque de Jehová es la batalla, y él os entregará en nuestras manos. (17.47)

Se comenta

Los libros de Samuel contienen el relato del cese de la relación original entre Israel y Dios, fundamentada en su obediencia a los términos del antiguo pacto … y el establecimiento del rey a quien el mismo Dios había preparado. No es sencillamente que Israel fracasara bajo el gobierno de Dios: lo rechazaron.
John Darby

Estos dos libros contienen la historia de los dos últimos jueces, Elí y Samuel, quienes no eran hombres de guerra, como lo fue el resto, sino sacerdotes (y muchos de ellos son como un añadido al libro de Jueces), y la historia de los dos primeros reyes, Saúl y David.
Matthew Henry

Único e inusual

El futuro rey Saúl es un pastor de asnas (9.5) que trata de esconderse de su propia coronación (10.21–22). Como rey, Saúl rompe su propia ley al pedir una médium para consultar al espíritu de Samuel de entre los muertos (capítulo 28).

Aplicación

Las decisiones egoístas —como la de los israelitas pidiendo rey y la de Saúl ofreciendo un sacrificio que no tenía que hacer— pueden tener fuertes e, incluso, trágicas consecuencias.

2 Samuel

Autor

Desconocido, aunque no se atribuye a Samuel; ya que los acontecimientos del libro suceden después de su muerte. Algunos sugieren que fue escrito por el sacerdote Abiatar (15.35).

Fecha

Aproximadamente entre 1010–970 a.c. del gobierno del rey David.

En pocas palabras

David se convierte en el más grande rey de Israel, aun cuando con grandes defectos.

Personajes

- *Dios:* le habla a David directamente y por medio del sacerdote Natán
- *David:* ungido nuevamente rey
- *Is-boset:* hijo de Saúl; rival de David por el reino
- *Abner:* comandante del ejército de Saúl; ayudante de Is-boset
- *Joab:* comandante del ejército de David y asesino del hijo de David, Absalón
- *Mefi-boset:* hijo lisiado de Jonatán; David lo trata como si fuera suyo
- *Mical:* hija de Saúl; esposa de David
- *Betsabé:* casada con Urías el heteo; David tuvo una aventura con ella y después se casaron
- *Amnón:* hijo de David; viola a su hermanastra Tamar
- *Absalón:* hermano de Tamar; hijo de David; mata a Amnón; se rebela contra su padre

En el mapa

David es proclamado rey de Judá en Hebrón, en la actual Cisjordania. Derrota a los jebuseos en la fortaleza de Sion, a la que se le cambia el nombre por el de la «Ciudad de David». Llega a ser parte de Jerusalén.

Vistazo general

Cuando muere el rey Saúl, la sureña tribu de Judá hace a David su sucesor. Siete años más tarde, tras el deceso del hijo de Saúl, Isbaal —rey de las tribus del norte—, David se convierte en monarca de todo Israel. Con la captura de Jerusalén por los jebuseos, David crea una nueva capital unificada para su nación, y Dios le promete: «Tu trono será establecido para siempre» (7.16, NVI). Las victorias militares hacen a Israel una nación fuerte, pero cuando David se queda en casa durante una de las batallas, comete adulterio con una hermosa vecina, Betsabé. Luego hace asesinar al marido de ella, uno de sus mejores soldados. El profeta Natán confronta a David con una historia de un hombre rico que le roba una oveja a un hombre pobre. David se enfurece tanto que Natán le dice: «Tú eres aquel hombre» (12.7). Escarmentado, David se arrepiente y Dios perdona sus pecados, pero sus consecuencias lo afectarían grandemente. El hijo producto de esa relación muere, por lo que la familia de David comienza a dividirse y a separarse. Uno de sus hijos, Amnón, viola a su medio hermana, y un segundo hijo, Absalón —hermano de la chica violada— mata a Amnón por venganza. Absalón entonces conspira para robarle el reino a David su padre, haciendo que este huya para salvar su vida. Cuando Absalón muere en batalla con los hombres de David, este se lamenta profundamente; tanto que agravia a sus soldados. En última instancia, David regresa a Jerusalén para reafirmar su reinado. También tiene otro hijo nacido de Betsabé: Salomón.

Digno de resaltar

- Saúl y Jonatán, amados y queridos; inseparables en su vida, tampoco en su muerte fueron separados; más ligeros eran que águilas, más fuertes que leones. (1.23)
- ¡Cómo han caído los valientes en medio de la batalla! (1.25)
- Señor Jehová, ¿quién soy yo, y qué es mi casa, para que tú me hayas traído hasta aquí? (7.18)
- Envió David a preguntar por aquella mujer, y le dijeron: Aquella es Betsabé hija de Eliam, mujer de Urías heteo. (11.3)
- ¡Hijo mío Absalón, hijo mío, hijo mío Absalón! ¡Quién me diera que muriera yo en lugar de ti, Absalón, hijo mío, hijo mío! (18.33)

Se comenta

Hay muchas cosas instructivas en la historia [de David]; sin embargo, con respecto al héroe que la protagoniza, aunque en muchos casos se presenta como alguien muy grande y bueno, y gran favorito del cielo, hay que reconocer que en sus salmos brilla su honor con más fuerza que en sus libros históricos.
Matthew Henry

El segundo libro de Samuel nos presenta el establecimiento de David en el reino; y, poco después, las miserias de su casa, cuando la prosperidad había abierto la puerta a la obstinación egoísta.
John Darby

ÚNICO E INUSUAL

El sobrino de David mató a un filisteo «de gran estatura, el cual tenía seis dedos en cada mano, y en cada pie seis dedos» (21.20, 21). Uno de los soldados valientes de David, Adino, mató a 800 hombres sin ayuda de nadie (23.8).

APLICACIÓN

La historia del rey David pone de relieve la importancia vital de las decisiones que tomamos. ¿Quién hubiera imaginado que un hombre tan grande podría caer en un pecado tan terrible?

1 Reyes

Autor
Es desconocido, no se reconoce ningún autor; aunque una antigua tradición afirma que Jeremías escribió 1 y 2 Reyes.

Fecha
Los hechos más destacados datan entre los 970 a 850 a.c., 1 Reyes fue escrito probablemente en algún momento después de la destrucción babilónica de Jerusalén en el 586 a.c.

En pocas palabras
Israel se divide entre las naciones rivales del sur y del norte.

Personajes
- *Dios:* dota a Salomón de una gran sabiduría
- *David:* descrito hacia el final de su reinado
- *Adonías:* hijo de David; se autoproclama rey
- *Sadoc:* sacerdote; se niega a apoyar a Adonías
- *Joab:* comandante del ejército de David, se niega a apoyar a Adonías
- *Natán:* un profeta
- *Betsabé:* esposa de David; madre de Salomón
- *Solomón:* David y Betsabé lo eligen rey
- *la reina de Sabá:* visitó a Salomón para indagar sobre su afamada sabiduría
- *Elías:* un gran profeta durante el reinado del rey Acab

En el mapa
Salomón es proclamado rey en Gihón, el manantial que suministra agua a Jerusalén. Elías humilla a los sacerdotes de Baal en el monte Carmelo. La ciudad de Haifa está en su ladera norte.

Vistazo general
La salud del rey David se deteriora, por lo que nombra sucesor a Salomón, su hijo con Betsabé. Después de su fallecimiento, Dios le habló a Salomón en un sueño y le ofreció todo lo que quisiera. Salomón pidió sabiduría. Dios le da a Salomón una gran sabiduría, además de mucho poder y riquezas. El nuevo rey construye el templo permanente de Dios en Jerusalén, por lo que el Señor visita a Salomón una vez más

y le promete bendecirlo si le obedece y problemas en caso contrario. Lamentablemente, la sabiduría de Salomón le falla, al tomar la decisión de casarse con setecientas mujeres, muchas de ellas extranjeras, que habían dado su corazón a los ídolos. Cuando Salomón muere, su hijo Roboam tontamente se gana la antipatía del pueblo de Israel, y las diez tribus del norte forman su propia nación bajo Jeroboam, un antiguo funcionario de Salomón. Dos tribus del sur continuarán en la línea de Salomón, en una nación llamada Judá. Jeroboam empieza mal, iniciando la adoración a los ídolos en el norte; muchos gobernantes malvados le siguen. Judá también tiene muchos líderes malvados, aunque los reyes transitorios, como Asa y Josafat, siguen al Señor. 1 Reyes presenta al profeta Elías, que se enfrenta al demonio del rey Acab y la reina Jezabel de Israel en relación con su culto al falso dios Baal. Bajo el poder de Dios, Elías derrotas a 450 falsos profetas en una dramática prueba en el monte Carmelo.

Digno de resaltar

- Llegaron los días en que David había de morir, y ordenó a Salomón su hijo, diciendo: Yo sigo el camino de todos en la tierra; esfuérzate, y sé hombre (2.1–2).
- Da, pues, a tu siervo corazón entendido para juzgar a tu pueblo, y para discernir entre lo bueno y lo malo; porque ¿quién podrá gobernar este tu pueblo tan grande? (3.9).
- En seguida el rey dijo: Partid por medio al niño vivo, y dad la mitad a la una, y la otra mitad a la otra. (3.25)
- Y para oír la sabiduría de Salomón venían de todos los pueblos y de todos los reyes de la tierra, adonde había llegado la fama de su sabiduría. (4.34)
- Y acercándose Elías a todo el pueblo, dijo: ¿Hasta cuándo claudicaréis vosotros entre dos pensamientos? Si Jehová es Dios, seguidle; y si Baal, id en pos de él. Y el pueblo no respondió palabra. (18.21)
- Respóndeme, Jehová, respóndeme para que conozca este pueblo que tú, oh Jehová eres el Dios, y que tú vuelves a ti el corazón de ellos. (18.37)

Se comenta

El libro de los Reyes nos muestra el poder real establecido en toda su gloria; su caída y el testimonio de Dios en medio de la ruina.
John Darby

Estos libros sirven para seguir la historia de la nación judía, para mostrar el estado de la iglesia de Dios en aquellos tiempos, y su cuidado providencial en medio de todos los cambios y las vicisitudes del estado; y, sobre todo, para transmitirnos la verdadera genealogía del Mesías.
John Gill

Único e inusual

Los expertos dicen que 1 y 2 Reyes eran originalmente un solo volumen y se dividieron en dos para permitir la copia en rollos de tamaño normal.

Aplicación

El ejemplo de Salomón nos proporciona una fuerte advertencia: Aunque seas la persona más bendecida y te dejes llevar por la corriente de Dios, aun así, puedes cometer grandes errores.

2 Reyes

Autor

Es desconocido, no se reconoce ningún autor; aunque una antigua tradición afirma que Jeremías escribió 1 y 2 Reyes.

Fecha

Abarcando unos trescientos años después desde los 800 a.c., 2 Reyes fue probablemente escrito en algún momento después de la destrucción babilónica de Jerusalén en el 586 a.c.

En pocas palabras

Ambas naciones hebreas son destruidas por su desobediencia a Dios.

Personajes

- *Dios:* hace que Babilonia subyugue a Israel
- *Ocozías:* rey de Israel; enoja a Dios al consultar a una deidad falsa
- *Elías:* un profeta; destruye a los soldados que Ocozías envía contra él
- *Eliseo:* un profeta; hereda doble porción del espíritu de Elías
- *Naamán:* general del ejército de Siria; Eliseo cura su lepra
- *Jezabel:* esposa del rey Acab; asesina de profetas; adoradora de Baal; muere al ser lanzada desde una ventana
- *Jehú:* ungido rey de Israel por Eliseo
- *Isaías:* uno de los mayores profetas de la Biblia
- *Nabucodonosor:* rey de Babilonia; destruye Jerusalén y esclaviza a sus habitantes
- *Joacim:* rey de Judá; gobierna con la autorización de Babilonia

En el mapa

Babilonia, la ciudad estado que invadió y conquistó Israel y Judá, es ahora un enclave arqueológico entre los ríos Éufrates y Tigris, cerca de Al Hilla, en el actual Irak.

Vistazo general

La historia de 1 Reyes continúa con muchos malos gobernantes, un puñado de buenos —entre los que hay algunos profetas conocidos—, y la pérdida definitiva de las dos naciones judías. A comienzos de 2 Reyes, Elías se convierte en el segundo hombre (después de Enoc en Génesis 5.24) en ir directamente al cielo sin ver muerte. Su sucesor,

Eliseo, realiza muchos milagros y comparte la palabra de Dios «con la gente del pueblo» de Israel. Los gobernantes del reino del norte son totalmente malvados; bajo el mando de su último rey, Oseas, Israel es «llevado cautivo a … Asiria» (17.6) en el año 722 a.c. Judá, a veces con buenos reyes como Ezequías y Josías, dura unos cuantos años más, pero en el año 586 a.c., Jerusalén, la capital del reino del sur «fue tomada» (25.4) por los ejércitos de Babilonia con el rey Nabucodonosor. Además de tomar todo lo valioso del templo, de los judíos y del palacio del rey, los babilonios también «llevaron de toda Jerusalén, a todos los príncipes, y a todos los hombres valientes, hasta diez mil cautivos, y a todos los artesanos y herreros» (24.14). El libro termina con una insignificante nota, 2 Reyes describe a un nuevo rey de Babilonia, Evil-merodac, mostrando amabilidad a Joaquín, el verdadero y último rey de Judá, al darle un lugar de honor en la corte de Babilonia.

DIGNO DE RESALTAR

- Y aconteció que yendo ellos y hablando, he aquí un carro de fuego con caballos de fuego apartó a los dos; y Elías subió al cielo en un torbellino. (2.11)
- Cuando Eliseo el varón de Dios oyó que el rey de Israel había rasgado sus vestidos, envió a decir al rey: ¿Por qué has rasgado tus vestidos? Venga ahora a mí, y sabrá que hay profeta en Israel. (5.8)
- Entonces cortó él un palo, y lo echó allí; e hizo flotar el hierro. (6.6)
- Pero cuando fueron para sepultarla, no hallaron de ella más que la calavera, y los pies, y las palmas de las manos. (9.35)
- Porque los hijos de Israel pecaron contra Jehová su Dios, que los sacó de tierra de Egipto, de bajo la mano de Faraón rey de Egipto, y temieron a dioses ajenos. (17.7)
- Y desechó Jehová a toda la descendencia de Israel, y los afligió, los entregó en manos de saqueadores, hasta echarlos de su presencia. (17.20)
- Así fue llevado cautivo Judá de sobre su tierra. (25.21)

SE COMENTA

Así como las poderosas palabras de Elías eran, en gran medida, la gloria del libro anterior hacia su final, así las palabras de Eliseo son la gloria de este libro en sus comienzos. Estos profetas eclipsaron a sus príncipes.
Matthew Henry

El libro primero de Reyes tenía un comienzo brillante en la gloria del reino de Israel. Este tiene un final triste, primero por la desolación del reino de Israel, y luego por la de Judá.

John Wesley

ÚNICO E INUSUAL

Isaías, que escribió una larga profecía que aparece más adelante en el Antiguo Testamento, se destaca en 2 Reyes 19. Uno de los mejores reyes de Judá, Josías, solo tenía ocho años cuando subió al trono (22.1).

APLICACIÓN

Tanto Israel como Judá sufrieron las terribles consecuencias del pecado. Incluso los malos ejemplos pueden ser útiles si decidimos no hacer las cosas que nos traen problemas.

1 Crónicas

Autor
No se indica, pero tradicionalmente se atribuye al sacerdote Esdras.

Fecha
Cubre la historia de Israel desde alrededor de 1010 A.C. (muerte del rey Saúl) hasta alrededor de 970 A.C. (deceso del rey David).

En pocas palabras
El imperio del rey David es detallado y analizado.

Personajes
- *Dios:* habló a David a través del profeta Natán
- *las generaciones desde Adán hasta Abraham*
- *los descendientes de Abraham*
- *los gobernantes de Edom*
- *los hijos de David*
- *los reyes de Judá*
- *las tribus de Judá, Simeón, Rubén, Gad, Manasés, Leví, Isacar, Benjamín, Neftalí, Manasés, Efraín y Aser*
- *la familia del rey Saúl*
- *los principales del ejército de David, sacerdotes, cantores, guardianes, etc.*
- *el rey David:* alaba a Dios antes de morir
- *Salomón:* hereda el reino de su padre

En el mapa
Crónicas, en gran parte, recrea las historias contadas en los libros de Samuel y Reyes y, como tal, incluye muchos de sus lugares.

Vistazo general
1 Crónicas proporciona una historia de Israel que se remonta a Adán. En el decimoprimer capítulo, el relato se enfoca en el rey más grande de Israel, David, con especial énfasis en su liderazgo y el culto nacional. Otro enfoque importante radica en la promesa divina de que David tendría una línea real eterna a través de Jesucristo, su descendiente.

Digno de resaltar
- Entonces dijo Saúl a su escudero: Saca tu espada y traspásame con ella,

no sea que vengan estos incircuncisos y hagan escarnio de mí. (10.4)

- Mical, hija de Saúl, mirando por una ventana, vio al rey David que saltaba y danzaba; y lo menospreció en su corazón. (15.29)
- Alabad a Jehová, invocad su nombre, dad a conocer en los pueblos sus obras. (16.8)
- Sino que lo confirmaré en mi casa y en mi reino eternamente, y su trono será firme para siempre. (17.14)
- Anímate y esfuérzate, y manos a la obra; no temas, ni desmayes, porque Jehová Dios, mi Dios, estará contigo; él no te dejará ni te desamparará, hasta que acabes toda la obra para el servicio de la casa de Jehová. (28.20)
- Bendito seas tú, oh Jehová, Dios de Israel nuestro padre, desde el siglo y hasta el siglo. (29.10)
- Porque nosotros, extranjeros y advenedizos somos delante de ti, como todos nuestros padres; y nuestros días sobre la tierra, cual sombra que no dura. (29.15)
- Y murió en buena vejez, lleno de días, de riquezas y de gloria (29.28)

SE COMENTA

Era, pues, muy necesaria la labor de preservar la distinción de las tribus y familias, para que constase que Cristo procedía de aquella nación, tribu y familia en la que debía nacer. Y esta información, que hasta ahora se había ignorado, se menciona en estos libros de la forma más oportuna.
John Wesley

Jerónimo dice que todo el que crea conocer las Escrituras sin estar familiarizado con los libros de Crónicas se engaña a sí mismo. Se encuentran aquí algunos hechos históricos que se pasaron por alto en otros lugares, así como nombres y relaciones entre pasajes, y muchas de las preguntas con respecto al evangelio también tienen aquí su explicación.
Matthew Henry

ÚNICO E INUSUAL

1 Crónicas cubre gran parte de la misma información que 2 Samuel, pero sin algunos de los aspectos más sórdidos de la vida de David, como su adulterio con Betsabé y la muerte maquinada de su marido, Urías.

APLICACIÓN

El giro positivo de 1 Crónicas fue diseñado para recordarles a los judíos que, a pesar de su castigo por el pecado, todavía eran personas especiales para Dios. Cuando Dios hace una promesa, la mantiene.

2 Crónicas

Autor
No se indica, aunque tradicionalmente se atribuye al sacerdote Esdras.

Fecha
Abarca la historia de los israelitas desde 970 a.c. (ascensión del rey Salomón) hasta 500 a.c. (cuando los judíos exiliados volvieron a Jerusalén).

En pocas palabras
La historia de Israel desde Salomón hasta la división y hasta la destrucción.

Personajes
- *Dios:* le concede a Salomón el don de la sabiduría
- *Salomón:* desde su acceso al trono hasta su muerte
- *Hiram, rey de Tiro:* suministra los materiales para la construcción del templo
- *la reina de Sabá:* comprueba la famosa sabiduría de Salomón con preguntas difíciles
- *Roboam:* sucede a su padre, Salomón, como rey
- *Jeroboam:* lidera una rebelión contra Roboam
- *Asa:* rey de Judá; hace lo que es bueno y correcto a los ojos de Dios
- *Josafat:* fortifica Judá; adora a Dios, pero no elimina los santuarios paganos
- *Hilcías:* sacerdote; redescubre el Libro de la Ley

En el mapa
Crónicas es, en gran parte, una gran recreación de las historias contadas en los libros de Samuel y Reyes y, como tal, incluye muchos de los mismos lugares.

Vistazo general
El hijo de David, Salomón, es nombrado rey, construye el templo y se convierte en uno de los gobernantes más prominentes. Pero cuando muere, la nación judía se divide. En el resto de 2 Crónicas, algunos reyes de la relativamente piadosa nación de Judá, sucumben a la destrucción de Jerusalén por los babilonios. El libro termina con el rey persa Ciro permitiéndoles a los judíos reconstruir el templo devastado.

- Dame ahora sabiduría y ciencia, para presentarme delante de este pueblo; porque ¿quién podrá gobernar a este tu pueblo tan grande? (1.10)
- Jehová Dios de Israel, no hay Dios semejante a ti en el cielo ni en la tierra, que guardas el pacto y la misericordia con tus siervos que caminan delante de ti de todo su corazón. (6.14)
- Mas ¿es verdad que Dios habitará con el hombre en la tierra? He aquí, los cielos y los cielos de los cielos no te pueden contener; ¿cuánto menos esta casa que he edificado? (6.18)
- Y el rey Salomón dio a la reina de Sabá todo lo que ella quiso y le pidió, más de lo que ella había traído al rey. (9.12)
- Jehová, el Dios de los cielos, me ha dado todos los reinos de la tierra; y él me ha mandado que le edifique casa en Jerusalén, que está en Judá. (36.23)

SE COMENTA

En origen, este y el anterior eran un único libro, pero se dividió en dos por su tamaño, por lo que esta es una continuación de la historia anterior. Aquel termina con la muerte de David. Este comienza con el reinado de Salomón, lo repasa y toca los reinados de todos los reyes de la casa de David; de los reyes de Judá solamente, tras la separación de las diez tribus, hasta el cautiverio de Judá en Babilonia, y llega hasta la liberación de los judíos de allí por Ciro, por lo que contiene la historia de cuatrocientos setenta y nueve años. No trata la historia de los reyes de Israel posteriores a la separación, solo la de los reyes de Judá, a través de los cuales se trazó el linaje del Mesías; y, aunque omite varias cosas que el libro de los Reyes cuenta sobre ellos, ofrece numerosas anécdotas que no aparecen en aquel, y cuyo conocimiento es de gran utilidad y beneficio en la historia.
John Gill

Teníamos la historia de la casa de David, entremezclada, con anterioridad, con la de los reyes de Israel: pero aquí tenemos su totalidad, gran parte de lo anterior se repite aquí: sin embargo, muchos pasajes se amplían, y se añaden otros que no teníamos antes, sobre todo los relacionados con la religión.
John Wesley

Continuando con el giro positivo de 1 Crónicas (los dos libros fueron originalmente uno), 2 Crónicas termina con dos versículos que repiten exactamente los tres primeros de Esdras.

APLICACIÓN

El castigo de Dios no tiene la intención de lastimar a la gente, sino de traerla de vuelta a Él.

Esdras

Autor
No se indica, pero tradicionalmente se atribuye al sacerdote Esdras (7.11).

Fecha
Aproximadamente 530 A.C. hasta mediados de 400 A.C.

En pocas palabras
La renovación espiritual comienza tras el retorno de los judíos del exilio.

Personajes
- *Dios:* invocado por Esdras cuando le advierte al pueblo de Israel sobre sus caminos pecaminosos
- *Ciro:* rey de Persia; incita al regreso de los exiliados y a la reconstrucción del templo
- *Jesúa, Zorobabel:* comienza la reconstrucción del templo
- *Artajerjes:* más tarde rey de Persia; termina la reconstrucción de Jerusalén; envía a Esdras
- *Hageo, Zacarías:* sacerdotes que alentaron a que continuase la reconstrucción del templo
- *Darío:* más tarde rey de Persia; da apoyo financiero y material a los constructores del templo
- *Esdras:* sacerdote; descendiente de Aarón, hermano de Moisés
- *Una lista de las familias de los exiliados que regresaron durante el reinado de Ciro*
- *Una lista de las familias que regresaron con Esdras*

En el mapa
Esdras predica y enseña en la ciudad de Jerusalén, en el reino de Judá, en el mismo lugar que la actual Jerusalén. Ciro, el rey que permitió que regresaran los exiliados, es rey de Persia, hoy día Irán.

Vistazo general
Siglo y medio después de que los babilonios saquearan Jerusalén y se llevaran cautivos a los judíos, Persia es la nueva potencia mundial. El rey Ciro permite a un grupo de exiliados regresar a Judá para reconstruir el templo. Unas 42.000 personas regresan y se asientan en

su tierra. Unos setenta años más tarde, Esdras regresa con un grupo más pequeño. Enseña la ley al pueblo, que se ha alejado de Dios tanto que se han casado con personas de las naciones paganas cercanas, algo estrictamente prohibido por Moisés (Deuteronomio 7.1–3).

Digno de resaltar

- Y todo el pueblo aclamaba con gran júbilo, alabando a Jehová porque se echaban los cimientos de la casa de Jehová. (3.11)
- Y cantaban, alabando y dando gracias a Jehová, y diciendo: Porque él es bueno, porque para siempre es su misericordia sobre Israel. (3.11)
- Y le concedió el rey todo lo que pidió, porque la mano de Jehová su Dios estaba sobre Esdras. (7.6)
- Porque Esdras había preparado su corazón para inquirir la ley de Jehová y para cumplirla, y para enseñar en Israel sus estatutos y decretos. (7.10)
- Y se levantó el sacerdote Esdras y les dijo: Vosotros habéis pecado, por cuanto tomasteis mujeres extranjeras, añadiendo así sobre el pecado de Israel. (10.10)

Se comenta

El Señor removió el espíritu de Ciro. Los corazones de los reyes están en la mano del Señor. Dios gobierna el mundo con su influencia sobre los espíritus de los hombres; el bien que hacen se debe a que Dios remueve sus espíritus para ello. Durante la cautividad de los judíos fue cuando Dios más los utilizó para atraer hacia Él la atención de los paganos. Ciro dio por sentado que los judíos que pudieran darían ofrendas voluntarias para la casa de Dios. Por su parte, les proveería también con los bienes de su reino. Los que tenían buenos deseos en cuanto al templo también debían tener buenas acciones al respecto.
Matthew Henry

La historia de este libro es el cumplimiento de la profecía de Jeremías concerniente al regreso de los judíos desde Babilonia, al final de los setenta años, y un tipo del cumplimiento de las profecías de Apocalipsis referentes a la liberación de la iglesia del evangelio de manos de la Babilonia espiritual. Esdras guardó constancia de esa gran revolución y la transmitió a la iglesia en este libro.
John Wesley

Único e inusual

Aunque Dios haya dicho: «Yo aborrezco el divorcio» (Malaquías 2.16, NVI), Esdras instó a los hombres judíos a separarse de sus esposas extranjeras.

Aplicación

En Esdras, Dios muestra su disposición a ofrecer una segunda oportunidad: permitirle a la nación que había sido castigada por desobediente un nuevo comienzo. ¿Sabes qué? Él todavía está en el negocio de las segundas oportunidades.

NEHEMÍAS

AUTOR

«Palabras de Nehemías» (1.1), aunque la tradición judía afirma que esas palabras fueron escritas por Esdras.

FECHA

Aproximadamente 445 A.C.

EN POCAS PALABRAS

Los judíos exiliados regresaron para reconstruir los muros destruidos de Jerusalén.

PERSONAJES

- *Dios:* Nehemías le ruega que reúna de nuevo a su pueblo en su patria
- *Nehemías:* un siervo del rey Artajerjes; reconstructor de los muros de Jerusalén
- *Artajerjes:* concede permiso, tiempo y materiales para la reconstrucción de los muros
- *Sanbalat, Tobías, Gesem:* se opusieron a la obra de Nehemías
- *Esdras:* sacerdote judío; les lee la ley a los israelitas
- *Noadías:* profetisa; intenta intimidar a Nehemías
- *Eliasib:* él y sus compañeros sacerdotes se encuentran entre los primeros constructores
- *Una lista de las familias que construyeron varias partes de los muros*
- *Una lista de aquellos que prometieron seguir las leyes de Dios*

EN EL MAPA

Nehemías comienza su historia en su hogar, Susa (actualmente Shush, en Irán). Desde allí viaja a Jerusalén.

VISTAZO GENERAL

Nehemías funge como «copero» (1.11) del rey en Susa, Persia. Como judío, le preocupa la noticia de que a pesar de que han regresado del exilio en Judá durante casi cien años, no han reconstruido los muros de la ciudad, devastada por los babilonios en el 586 A.C. Nehemías pide y recibe el permiso del rey para regresar a Jerusalén, donde dirige un equipo de constructores —a pesar de la mucha oposición pagana— para reconstruir los muros en solo cincuenta y dos días. El veloz trabajo en el proyecto alarmó a los enemigos de los judíos, que «conocieron que por nuestro Dios había sido hecha esta obra» (6.16).

DIGNO DE RESALTAR

- El muro de Jerusalén derribado, y sus puertas quemadas a fuego. (1.3)
- Te ruego, oh Jehová, esté ahora atento tu oído a la oración de tu siervo. (1.11)
- Edificamos, pues, el muro, y toda la muralla fue terminada hasta la mitad de su altura, porque el pueblo tuvo ánimo para trabajar. (4.6)
- Porque los que edificaban, cada uno tenía su espada ceñida a sus lomos, y así edificaban; y el que tocaba la trompeta estaba junto a mí. (4.18)
- Y dije: No es bueno lo que hacéis. ¿No andaréis en el temor de nuestro Dios, para no ser oprobio de las naciones enemigas nuestras? (5.9)
- Acuérdate de mí para bien, Dios mío, y de todo lo que hice por este pueblo. (5.19)

SE COMENTA

El libro de Nehemías exigirá unas cuantas observaciones, pero es importante establecer su importancia. Es un vínculo necesario en la historia del trato de Dios, en el relato de su paciencia y bondad amorosa hacia Jerusalén, su elegida. En Esdras hemos visto el templo reconstruido y la autoridad de la ley reestablecida entre el pueblo, que de nuevo está separado de los gentiles y consagrado a Dios. En Nehemías, presenciamos la reconstrucción de los muros de Jerusalén y la restauración de lo que se puede denominar la condición civil del pueblo, pero bajo circunstancias que probarán, definitivamente, su sometimiento a los gentiles.
John Darby

En este libro tenemos toda la información sobre la intermediación de Nehemías para el progreso del asentamiento de Israel, así como sus propios comentarios y recuerdos, mediante los cuales no solo recoge las obras de sus manos, sino también las de su corazón, en la administración de los asuntos públicos, e inserta en la historia muchas reflexiones devotas que descubren el profundo tinte de seria piedad que hay en su mente y que caracteriza su escrito.
Matthew Henry

ÚNICO E INUSUAL

Indignado con sus compatriotas judíos por haber forjado matrimonios con paganos, Nehemías dice: «los maldije, y herí a algunos de ellos, y les arranqué los cabellos» (13.25).

APLICACIÓN

El éxito de Nehemías en la reconstrucción de las murallas de Jerusalén brinda muchos principios para el liderazgo de hoy, sobre todo su énfasis constante en la oración.

ESTER

AUTOR
No se indica, pero tal vez Esdras o Nehemías.

FECHA
Aproximadamente entre 486–465 A.C., durante el reinado del rey Asuero de Persia. Ester se convirtió en reina alrededor de 479 A.C.

EN POCAS PALABRAS
Una bella joven judía llega a reina y salva de morir a sus compatriotas.

PERSONAJES
- *Asuero:* rey de Persia
- *Vasti:* reina consorte de Asuero; pierde su corona tras desagradar al rey
- *Hegai:* a cargo del harén del rey; le agrada Ester y la ayuda
- *Mardoqueo:* un exiliado de Jerusalén, vive en Susa; primo de Ester
- *Ester:* bella huérfana; adoptada por Mardoqueo; será la nueva reina
- *Bigtán, Teres:* traman asesinar al rey Asuero
- *Amán:* elevado al poder por Asuero; planea asesinar a los judíos
- *Hatac:* siervo del rey; mensajero de Ester
- *Zeres:* esposa de Amán; sugiere ahorcar a Mardoqueo

EN EL MAPA
La historia de Ester tiene lugar en Susa, ciudad real de Persia (ahora Shush, Irán). Mardoqueo, quien crio allí a Ester, era un nativo de Jerusalén que vivía en el exilio.

VISTAZO GENERAL
En un concurso de belleza nacional, la joven Ester se convierte en reina de Persia sin revelar su legado hebreo. Cuando un oficial del reino teje un plan para matar a todos los judíos del país, Ester arriesga su vida para solicitar la protección real. El rey, complacido con Ester, se sorprende por el plan de su oficial; pero lo manda ahorcar y emite un decreto para que los judíos se defiendan de la masacre planificada. El pueblo de Ester prevalece y conmemora el acontecimiento con una fiesta llamada Purim.

DIGNO DE RESALTAR
- Mas la reina Vasti no quiso comparecer a la orden del rey ... y el rey se enojó mucho, y se encendió en ira. (1.12)

- Y el rey amó a Ester más que a todas las otras mujeres, y halló ella gracia y benevolencia delante de él ... y puso la corona real en su cabeza, y la hizo reina en lugar de Vasti. (2.17)
- Y vio Amán que Mardoqueo ni se arrodillaba ni se humillaba delante de él; y se llenó de ira. (3.5)
- Luego que supo Mardoqueo todo lo que se había hecho, rasgó sus vestidos, se vistió de cilicio y de ceniza, y se fue por la ciudad clamando con grande y amargo clamor. (4.1)
- Entonces la reina Ester respondió y dijo: Oh rey, si he hallado gracia en tus ojos, y si al rey place, séame dada mi vida por mi petición, y mi pueblo por mi demanda. (7.3)

SE COMENTA

Ester era sumamente bella, y el rey se deleitaba al contemplarla. El corazón de Cristo se embelesa también con la belleza de la iglesia. Mardoqueo es el ministro del evangelio; alimentó y educó a Ester, y fue como un padre para ella; del mismo modo alimentan los ministros de Dios a la iglesia. Él la llevó ante Asuero; así presentan los ministros a la iglesia ante Cristo como una virgen inmaculada. Ester debe ser purificada antes de casarse con el rey, seis meses con aceite de mirra y seis meses con incienso; así debe prepararse el pueblo de Dios, purificarse y santificarse con las dulces gracias del Espíritu de Dios, antes de ser admitido para gozar plenamente de amor de Dios.
Jonathan Edwards

En este libro descubrimos que incluso los judíos que fueron dispersados en la provincia de los paganos fueron cuidados y maravillosamente preservados cuando la destrucción los amenazaba. Aunque el nombre de Dios no está en este libro, el dedo de Dios se muestra en los hechos más nimios para conseguir la liberación de su pueblo.
Matthew Henry

ÚNICO E INUSUAL

El nombre de Dios nunca se menciona en el libro de Ester. Tampoco la oración, aunque Ester les pide a sus compatriotas judíos que ayunen por ella antes de entrevistarse con el rey (4.16).

APLICACIÓN

Cuando nos encontramos en situaciones difíciles, debemos usar la situación adversa para obtener algo bueno, como lo hizo Ester.

Job

Autor
No se indica.

Fecha
No está clara, pero muchos creen que Job es una de las historias más antiguas de la Biblia, tal vez desde aproximadamente el 2000 a.c.

En pocas palabras
Dios permite el sufrimiento humano debido a sus propios propósitos.

Personajes
- *Dios:* usa a Job como ejemplo de hombre de fe
- *Satanás:* reta a Dios a que demuestre que el amor de las personas por él no depende de las bendiciones
- *Job:* un hombre rico, feliz, que resiste las pruebas de Satanás
- *Elifaz temanita:* un amigo de Job
- *Bildad suhita:* otro amigo de Job
- *Zofar naamatita:* otro amigo de Job
- *Eliú:* un hombre más joven que también intenta aconsejar a Job

En el mapa
No queda muy claro dónde se encontraba Uz. Algunas suposiciones lo sitúan al este de Israel, en la actual Siria.

Vistazo general
Jefe de una familia numerosa, Job es un rico granjero de un lugar llamado Uz. Él es «perfecto y recto» (1.1), tanto así que Dios llama la atención de Satanás hacia él. El diablo, sin dejarse impresionar, pide y recibe el permiso de Dios para atacar las posesiones de Job, por lo que destruye miles de ovejas, camellos, bueyes, asnos y, lo peor de todo, los diez hijos de Job. A pesar de los ataques satánicos, Job mantiene su fe. Satanás entonces recibe permiso divino para atacar la salud de Job, pero a pesar del terrible sufrimiento físico, este se niega a «maldecir a Dios, y morir», como le sugiere su esposa (2.9). Al poco tiempo, sin embargo, Job comienza a preguntarse por qué Dios permite que alguien bueno sufra tan severamente. El sufrimiento de Job se ve agravado por la llegada de los cuatro «amigos» que comienzan a acusarlo

de provocar su propio mal por el pecado secreto. «Por cierto tu malicia es grande», afirma Elifaz de Temán (22.5). Al final, Dios mismo habla, reivindicando a Job delante de sus amigos y también abordando el problema global del sufrimiento humano. Dios no explica el sufrimiento de Job, sino que plantea una serie de preguntas que muestran su gran conocimiento, lo que implica que Job simplemente debe confiar en la manera de Dios. Lo cual hace diciéndole a Dios: «Yo conozco que todo lo puedes» (42.2). Al final de la historia, Dios restaura la salud de Job, sus posesiones y su familia, dándole diez hijos más.

DIGNO DE RESALTAR

- Pero extiende ahora tu mano y toca todo lo que tiene, y verás si no blasfema contra ti en tu misma presencia. (1.11)
- Desnudo salí del vientre de mi madre, y desnudo volveré allá. Jehová dio, y Jehová quitó; sea el nombre de Jehová bendito. (1.21)
- El hombre nacido de mujer, corto de días, y hastiado de sinsabores. (14.1)
- Consoladores molestos sois todos vosotros. (16. 2)
- Ahora ciñe como varón tus lomos; yo te preguntaré, y tú me contestarás. (38.3)
- De oídas te había oído; mas ahora mis ojos te ven. (42.5)

SE COMENTA

Yo digo que Job es *el ser humano*; el centro de los espeluznantes ataques del dolor, las insoportables invasiones del temor: supongo que estos amenazan, en un momento u otro, con abrumar a toda persona ... y la provocan para que descubra algún camino hacia el infinito. En medio de una triste desesperación, Job clama en voz alta al Poderoso invisible, al que apenas conoce, y al que sin embargo considera el Dios de su vida.
George MacDonald

Los libros precedentes de las Escrituras son narraciones simples y fáciles que cualquiera puede leer y comprender: pero en los cinco libros poéticos, Job, Salmos, Proverbios, Eclesiastés y el Cantar de los Cantares, existen muchas cosas difíciles de entender. Por tanto, estos requieren una aplicación más concienzuda de la mente, que se verá recompensada con abundancia por los tesoros que contienen.
John Wesley

Único e inusual

El libro de Job retrata a Satanás entrando en la presencia de Dios (1.6). También da una clara pista, en el Antiguo Testamento, acerca de la obra de Jesús cuando Job dice: «Yo sé que mi Redentor vive, y al fin se levantará sobre el polvo» (19.25).

Aplicación

Las tribulaciones no son necesariamente un signo de pecado en la vida de una persona. Puede ser algo que Dios permite para que nos acerquemos a Él.

Salmos

Autor

Varios, casi la mitad, se le atribuyen al rey David. También destacan otros nombres como Salomón, Moisés, Asaf, Etán y los hijos de Coré. Muchos salmos no mencionan a su autor.

Fecha

Aproximadamente en el año 1400 A.C. (el tiempo de Moisés) hasta los años 500 A.C. (la época de los judíos en el exilio babilónico).

En pocas palabras

Antiguo cancionero de oraciones judías, un despliegue de alabanzas —y quejas— a Dios.

Personajes

- *Dios:* en el Libro de Salmos se alaba al Señor
- *David:* compositor de muchos de los salmos
- *Cus el benjamita:* un enemigo del rey David; quizás un seguidor del rey Saúl
- *Jedutún:* nombrado director de música de Israel por el rey David
- *Los hijos de Coré:* una familia de levitas
- *Asaf:* un músico destacado en la corte del rey David
- *Absalón:* hijo de David, que intentó tomar el reino
- *Saúl:* primer rey de Israel; intentó matar a David

En el mapa

Los salmos pueden haberlos escrito varios autores en distintos lugares. Pero la mayoría se le atribuyen a (o se han escrito para) el rey David, escritos probablemente durante la parte más estable y pacífica de su reinado, alrededor de Jerusalén.

Vistazo general

Durante varios siglos, Dios guio a varias personas a componer poemas con una enorme carga emocional, de los cuales 150 fueron compilados más tarde en el libro que conocemos como Salmos. Muchos de los salmos son descritos como «de David», lo que significa que podría ser *por, para o acerca del* gran rey de Israel. Los puntos destacados del libro son el «salmo pastoral» (23), que describe a Dios como protector y proveedor; la súplica de perdón de David después de su pecado con Betsabé (51); los salmos de alabanza (el 100 es un poderoso ejemplo), y la celebración de la Escritura que se encuentra en el Salmo 119, con casi todos los 176 versículos haciendo referencia —en cierta forma parecida— a las leyes de Dios, los estatutos, los mandamientos, los preceptos y su propia palabra. Muchos salmos, llamados «imprecatorios», invocan los juicios de Dios sobre los enemigos (véanse Salmos 69 y 109, por ejemplo). Otros expresan la agonía espiritual del escritor, pero casi todos vuelven al tema de la alabanza a Dios. Esa es la forma en que el Libro de los Salmos termina: «Todo lo que respira alabe a JAH. Aleluya» (150.6).

Digno de resaltar

- ¡Oh Jehová, Señor nuestro, cuán glorioso es tu nombre en toda la tierra! Has puesto tu gloria sobre los cielos. (8.1)
- Los cielos cuentan la gloria de Dios, y el firmamento anuncia la obra de sus manos. (19.1)
- Repartieron entre sí mis vestidos, y sobre mi ropa echaron suertes. (22.18)
- Jehová es mi pastor, nada me faltará. (23.1)
- Crea en mí, oh Dios, un corazón limpio, y renueva un espíritu recto dentro de mí. (51.10)
- Alzaré mis ojos a los montes; ¿De dónde vendrá mi socorro? Mi socorro viene de Jehová. (121.1–2)
- ¡Mirad cuán bueno y cuán delicioso es habitar los hermanos juntos en armonía! (133.1)

Se comenta

El delicioso estudio de los salmos me ha producido un provecho infinito y un placer cada vez mayor; la gratitud me empuja a comunicar a los demás una parte de ese beneficio, y pido en oración que pueda inducirlos a buscar más para sí mismos.
Charles Spurgeon

Ahora tenemos ante nosotros una de las partes más selectas y excelentes del Antiguo Testamento; en realidad, en ella hay tanto de Cristo y de su evangelio, así como de Dios y de su ley, que se ha catalogado como resumen, o sumario, de ambos Testamentos.
Matthew Henry

Único e inusual

El libro de los Salmos es el más extenso de la Biblia, tanto en términos de cantidad de capítulos (150) como en total de palabras. Contiene el capítulo más largo de la Biblia (Salmo 119, con 176 versos) y el más corto (Salmo 117, con 2 versículos). El salmo 117 es también el punto medio de la Biblia protestante, con 594 capítulos antes y 594 después.

Aplicación

Los salmos abarcan toda la gama de emociones humanas, por lo cual muchas personas recurren a ellos en momentos de alegría y de tristeza.

Proverbios

Autor

Se atribuye principalmente a Salomón (1.1), con secciones atribuidas a «los sabios» (22.17), Agur (30.1) y el rey Lemuel (31.1). Poco se sabe de estos dos últimos.

Fecha

Salomón reinó aproximadamente entre 970–930 a.c. El personal del rey Ezequías, que vivió unos doscientos años más tarde, «copió» los últimos capítulos del libro que tenemos hoy (25.1).

En pocas palabras

Dichos memorables concisos que animan a la gente a buscar la sabiduría.

Personajes

- *Dios:* la fuente de toda sabiduría
- *Salomón:* el autor de muchos de los proverbios
- *Sabiduría:* siempre mencionada como «ella»
- *el hijo o los hijos a quienes se dirigen los proverbios*
- *Agur:* pronuncia un oráculo; contribuye al libro de Proverbios
- *Itiel y Ucal:* registran las palabras de sabiduría de Agur
- *rey Lemuel:* transmitió los dichos que su madre le enseñó
- *la mujer virtuosa:* tema del epílogo

En el mapa

Como la mayoría de los proverbios, se le atribuyen a la sabiduría de Salomón; es probable que se escribieran o se recopilaran en Jerusalén.

Vistazo general

Proverbios no tiene una perspectiva histórica, es una colección de consejos útiles para vivir. Principalmente surgidos de la pluma del rey Salomón, el hombre más sabio de la historia (en 1 Reyes 3.12 Dios dijo: «Te he dado corazón sabio y entendido, tanto que no ha habido antes de ti otro como tú, ni después de ti se levantará otro como tú»); los proverbios hablan del trabajo, el dinero, el sexo, la tentación, la bebida, la pereza, la disciplina y la crianza de los hijos. Tras cada proverbio yace la verdad de que «el principio de la sabiduría es el temor de Jehová» (1.7).

Digno de resaltar

- Fíate de Jehová de todo tu corazón, y no te apoyes en tu propia prudencia. (3.5)
- Ve a la hormiga, oh perezoso, mira sus caminos, y sé sabio. (6.6)
- El hijo sabio alegra al padre, pero el hijo necio es tristeza de su madre. (10.1)
- Como zarcillo de oro en el hocico de un cerdo es la mujer hermosa y apartada de razón. (11.22)
- El que detiene el castigo, a su hijo aborrece; mas el que lo ama, desde temprano lo corrige. (13.24)
- La blanda respuesta quita la ira; mas la palabra áspera hace subir el furor. (15.1)
- Encomienda a Jehová tus obras, y tus pensamientos serán afirmados. (16.3)
- Aun el necio, cuando calla, es contado por sabio. (17.28)
- Torre fuerte es el nombre de Jehová; a él correrá el justo, y será levantado. (18.10)
- El vino es escarnecedor, la sidra alborotadora. (20.1)
- De más estima es el buen nombre que las muchas riquezas. (22.1)
- Nunca respondas al necio de acuerdo con su necedad, para que no seas tú también como él. (26.4)
- Fieles son las heridas del que ama. (27.6)

Se comenta

Estas son las palabras de la sabiduría; y la sabiduría, en el libro de Proverbios, no es otra cosa que nuestro Señor y Salvador Jesucristo. Es evidente en el capítulo 1, versículo 23, donde declara: «He aquí yo derramaré mi espíritu sobre vosotros»; pero solo Cristo tiene el don del Espíritu Santo. Y una vez más, en 8.22, donde manifiesta: «Jehová me poseía en el principio», y en el versículo 30: «Con él estaba yo ordenándolo todo, y era su delicia de día en día, teniendo solaz delante de él en todo tiempo».
Robert Murray M'Cheyne

El libro de Proverbios nos proporciona la aplicación de esa sabiduría que creó los cielos y la tierra, en los detalles de la vida en este mundo de confusión y maldad. Este pensamiento resalta la inmensidad de la gracia desarrollada aquí. Dios se digna a aplicar su sabiduría a las circunstancias de nuestra vida práctica, y a mostrarnos, con su inteligencia, las consecuencias de todos los caminos que un hombre puede tomar.
John Darby

Único e inusual

El último capítulo de Proverbios incluye un largo poema que alaba a las esposas, algo inusual para la época y la cultura.

Aplicación

La sabiduría, como lo indica Proverbios 4.7, «es lo principal ... sobre todas tus posesiones adquiere inteligencia». Si necesitas ayuda con esto, solo pídela a Dios (Santiago 1.5).

ECLESIASTÉS

AUTOR

No se indica su autor, pero probablemente fue Salomón. El escritor se identifica como «hijo de David» (1.1) y «rey sobre Israel en Jerusalén» (1.12) y dice que creció en sabiduría «sobre todos los que fueron antes de mí» (1.16).

FECHA

900 A.C.

EN POCAS PALABRAS

Apartados de Dios, la vida es vacía e insatisfactoria.

PERSONAJES

- *Dios:* todas las cosas están en sus manos
- *el Predicador:* o el Maestro, en otras traducciones
- *un hombre solo:* un ejemplo de lo bueno que es tener compañía
- *el hombre sabio:* que conoce la explicación de todas las cosas
- *el rey:* que debe ser obedecido
- *el hombre pobre, sabio:* quien salvó una ciudad solo con su sabiduría
- *el joven:* quien debería ser consciente de su Creador
- *el Pastor:* el que imparte sabiduría

EN EL MAPA

A menudo asociado con Salomón, Eclesiastés probablemente se escribió en Jerusalén.

VISTAZO GENERAL

El rey persigue las cosas de este mundo solo para descubrir que eso no trae satisfacción. Aprendizaje, placer, trabajo, disfrute, «todo es vanidad» (1.2). También lamenta las injusticias de la vida: La gente vive, trabaja duro y muere, solo para dejar sus pertenencias a otra persona; los malos prosperan más que los justos, los pobres son oprimidos. Sin embargo, el rey se da cuenta de que «el fin de todo el discurso oído es éste: Teme a Dios, y guarda sus mandamientos; porque esto es el todo del hombre» (12.13).

Digno de resaltar

- Vanidad de vanidades, dijo el Predicador; vanidad de vanidades, todo es vanidad. (1.2)
- Porque en la mucha sabiduría hay mucha molestia; y quien añade ciencia, añade dolor. (1.18)
- Miré yo luego todas las obras que habían hecho mis manos, y el trabajo que tomé para hacerlas; y he aquí, todo era vanidad y aflicción de espíritu, y sin provecho debajo del sol. (2.11)
- Todo tiene su tiempo, y todo lo que se quiere debajo del cielo tiene su hora. (3.1)
- Aún hay esperanza para todo aquel que está entre los vivos; porque mejor es perro vivo que león muerto. (9.4)
- la necedad está colocada en grandes alturas, y los ricos están sentados en lugar bajo. (10.6)
- Echa tu pan sobre las aguas; porque después de muchos días lo hallarás. (11.1)
- Acuérdate de tu Creador en los días de tu juventud. (12.1)
- Y el polvo vuelva a la tierra, como era, y el espíritu vuelva a Dios que lo dio. (12.7)
- El fin de todo el discurso oído es este: Teme a Dios, y guarda sus mandamientos; porque esto es el todo del hombre. (12.13)

Se comenta

De todo lo que he visto y aprendido, este libro me parece la más noble, sabia y poderosa expresión de la vida del hombre sobre esta tierra, así como la flor más alta de la poesía, la elocuencia y la verdad. No soy dado a juicios dogmáticos en asuntos de creación literaria, pero, si tuviera que emitir uno, podría afirmar que Eclesiastés es la mejor muestra de escritura que he conocido nunca, y la sabiduría expresada en él es la más perenne y profunda.
Thomas Wolfe

El nombre de este libro significa «El Predicador». Aquí, la sabiduría de Dios nos predica, y habla a través de Salomón, cuya autoría es evidente. Al final de su vida, ahora que ya es sensible a su pecado y a su necedad, registra aquí su experiencia para el bien de los demás, ya que es el libro de su arrepentimiento; y afirma que todos los bienes terrenales son «vanidad y aflicción de espíritu». Muestra que ningún bien creado puede satisfacer el alma, y que la felicidad solo se debe hallar en Dios; esta doctrina debe conducir nuestro corazón

a Cristo Jesús bajo la bendita enseñanza del Espíritu.
Matthew Henry

Único e inusual

El tono generalmente negativo del libro hace que algunos lectores se pregunten si Salomón escribió en sus últimos años, después de que sus cientos de esposas lo llevaron a apartarse de Dios.

Aplicación

La vida no siempre tiene sentido… pero todavía hay un Dios que entiende.

Cantar de los Cantares

Autor

Salomón (1.1), aunque algunos se preguntan si el cantar «*de* Salomón» es como los salmos «*de* David», que podría significar *por, para o acerca de* él.

Fecha

Salomón gobernó alrededor de 970–930 A.C.

En pocas palabras

El amor conyugal es algo hermoso; vale la pena celebrarlo.

Personajes

- *Dios:* no se menciona, pero se le ve como el Amante de la humanidad
- *Salomón:* quien escribe y entona el cantar
- *el amante:* el compañero en la relación
- *la amada:* la compañera en la relación
- *la sulamita:* otro nombre para la amada
- *los amigos:* que en el cantar alaban el amor más que el vino

En el mapa

Aunque podría haberse escrito en Jerusalén, el Cantar de los Cantares no tiene una ubicación terrenal establecida. Se podría afirmar que tuvo lugar en los corazones de los amantes, o en el corazón de Dios en su amor por la humanidad.

Vistazo general

Una belleza de piel morena se casa con el rey, ambos están encantados. Él le dice: «He aquí que tú eres hermosa, amiga mía; he aquí eres bella; tus ojos son como palomas» (1.15). «He aquí que tú eres hermoso, amado mío, y dulce; nuestro lecho es de flores», ella responde (1.16). A través de ocho capítulos y 117 versículos, los dos amantes admiran su belleza física, expresándose su amor y devoción.

Digno de resaltar

- ¡Oh, si él me besara con besos de su boca! Porque mejores son tus amores que el vino. (1.2)
- Yo soy la rosa de Sarón, y el lirio de los valles. (2.1)
- Me llevó a la casa del banquete, y su bandera sobre mí fue amor. (2.4)

- Tus labios como hilo de grana, y tu habla hermosa; tus mejillas, como cachos de granada detrás de tu velo. (4.3)
- Yo dormía, pero mi corazón velaba. Es la voz de mi amado que llama: Ábreme, hermana mía, amiga mía, paloma mía, perfecta mía, porque mi cabeza está llena de rocío, mis cabellos de las gotas de la noche. (5.2)
- Yo soy de mi amado, y mi amado es mío; él apacienta entre los lirios. (6.3)
- Yo soy de mi amado, y conmigo tiene su contentamiento. (7.10)
- Ponme como un sello sobre tu corazón, como una marca sobre tu brazo. (8.6)
- Las muchas aguas no podrán apagar el amor, ni lo ahogarán los ríos. (8.7)

SE COMENTA

¡Con razón se le llama a este libro el Cantar de los Cantares! No hay cantar igual. Cuando se lee correctamente, aporta una alegría que va más allá de la terrenal, pues el cielo es más alto que la tierra. Se ha dicho que solo la gracia puede enseñar esta canción, y que solo por experiencia se puede aprender.
Hudson Taylor

Cuando nos entregamos al estudio de este libro, no solo debemos quitarnos el calzado de nuestro pie, como Moisés y Josué, y hasta olvidar que tenemos cuerpo, porque el lugar que pisamos es tierra santa, sino que debemos subir hasta aquí, con Juan, extender nuestras alas, adoptar una trayectoria noble y elevar el vuelo hasta que, por fe y santo amor, entremos al lugar santísimo, pues este no es otro que casa de Dios y puerta del cielo.
Matthew Henry

Orígenes y Jerónimo señalan que los judíos prohibieron su lectura a los menores de treinta años. Se necesita un grado de madurez espiritual para entrar bien en el santo misterio del amor que alegóricamente presenta. Para quienes han alcanzado esta madurez, tengan la edad que tengan, el Cantar de los Cantares es uno de los escritos sagrados más edificantes.
Jamieson, Faussett, Brown

ÚNICO E INUSUAL

Al igual que el libro de Ester, Cantares nunca menciona el nombre de «Dios».

APLICACIÓN

Dios hizo el matrimonio para el disfrute del marido y su esposa; de modo que el amor conyugal pueda ser una imagen del gozo de Dios en su pueblo.

Isaías

Autor
Isaías, hijo de Amoz (1.1).

Fecha
Alrededor de 740–700 a.c., comenzando «en el año que murió el rey Uzías» (6.1).

En pocas palabras
Un Mesías que vendría para salvar a la gente de sus pecados.

Personajes
- *Dios:* «el Santo de Israel», de quien Isaías afirma que el pueblo le ha vuelto la espalda
- *Isaías:* uno de los más grandes profetas
- *Uzías, Jotam, Acaz y Ezequías:* reyes de Judá durante la vida de Isaías
- *El renuevo de Jehová/la raíz de Isaí/Emmanuel:* referencias tempranas a Jesús
- *Rezín de Siria, Peka de Israel:* reyes que marcharon contra Jerusalén, pero no lograron tomarla
- *Sargón, Senaquerib:* reyes de Asiria
- *Merodac-baladán:* envía emisarios a Ezequías desde Babilonia; Isaías predice que Babilonia se llevará todos los tesoros de Ezequías

En el mapa
Isaías vivió en Jerusalén, pero no limitó sus profecías a esa ciudad. También advirtió de las intenciones de Dios a Babilonia, Asiria, los filisteos, Cus, Moab, Egipto, Damasco y otros.

Vistazo general
Como la mayoría de los profetas, Isaías anunció la mala noticia del castigo por el pecado. Pero también describe a un Mesías que sería «herido por nuestras rebeliones, molido por nuestros pecados … y por su llaga fuimos nosotros curados» (53.5). Isaías fue llamado al ministerio mediante una visión impresionante de Dios en el cielo (capítulo 6). El libro que escribió algunos lo llaman «el quinto evangelio» debido a sus predicciones acerca del nacimiento, la vida y la muerte de Jesucristo; hechos que ocurrieron unos setecientos años más tarde. Estas profecías

acerca de la redención traen equilibrio a las deprimentes promesas de la disciplina de Dios contra Judá y Jerusalén, que fueron invadidos por los ejércitos de Babilonia alrededor de un siglo más tarde. La profecía de Isaías termina con una larga sección (capítulos 40 a 66) que describen la restauración de Dios sobre Israel, Su salvación prometida y Su reino eterno.

Digno de resaltar

- Santo, santo, santo, Jehová de los ejércitos: toda la tierra está llena de su gloria. (6.3)
- Después oí la voz del Señor, que decía: ¿A quién enviaré, y quién irá por nosotros? Entonces respondí yo: Heme aquí, envíame a mí. (6.8)
- He aquí, que la virgen concebirá y dará a luz un hijo, y llamará su nombre Emanuel. (7.14)
- Porque un niño nos es nacido, hijo nos es dado, y el principado sobre su hombro; y se llamará su nombre Admirable, Consejero, Dios fuerte, Padre eterno, Príncipe de paz. (9.6)
- Mas él herido fue por nuestras rebeliones, molido por nuestros pecados; el castigo de nuestra paz fue sobre él, y por su llaga fuimos nosotros curados. (53.5)
- Todos nosotros nos descarriamos como ovejas, cada cual se apartó por su camino; mas Jehová cargó en él el pecado de todos nosotros. (53.6)

Se comenta

Cabe preguntarse si fue el propio Isaías quien puso ese título a la profecía. Aunque no puedo responder satisfactoriamente a esa pregunta, diré mi parecer. Después de haber predicado públicamente al pueblo, los profetas elaboraron un breve resumen de su sermón y lo colocaron a las puertas del templo para que todos pudieran verlo. Cuando estuvo expuesto el tiempo suficiente, se quitó y se depositó en el tesoro del templo, para que permaneciera allí en memoria perpetua.
Juan Calvino

Los judíos nos indican que [Isaías] era del linaje real de Judá. Pero, sin lugar a duda, fue el príncipe de todos los profetas.
John Wesley

Único e inusual

Isaías tuvo dos niños con nombres extraños y proféticos. Sear-jasub (7.3), significa «un remanente volverá», y Maher-salal-hasbaz (8.3) significa «rápido para hacer el mal». El nombre de Sear-jasub incluye la promesa de Dios de que los judíos exiliados un día volverían a casa. El nombre de Maher-salal-hasbaz, garantizaba al rey de Judá que los enemigos de su país serían manejados por los ejércitos asirios.

Aplicación

A principios de su ministerio, Jesús dijo que cumplió las profecías de Isaías: «El Espíritu de Jehová el Señor está sobre mí, porque me ungió Jehová; me ha enviado a predicar buenas nuevas a los abatidos, a vendar a los quebrantados de corazón, a publicar libertad a los cautivos, y a los presos apertura de la cárcel; a proclamar el año de la buena voluntad de Jehová, y el día de venganza del Dios nuestro; a consolar a todos los enlutados» (61.1–2). ¡Es increíble lo mucho que Dios cuida de nosotros!

JEREMÍAS

AUTOR
Jeremías (1.1), con la asistencia de Baruc, un escriba (36.4).

FECHA
Aproximadamente 585 A.C.

EN POCAS PALABRAS
Después de años de comportamiento pecaminoso, Judá sería castigada.

PERSONAJES
- *Dios:* conocía a Jeremías antes de que hubiera sido formado en el vientre; lo llama para advertir a los reyes de Judá
- *Jeremías:* un profeta
- *Josías, Joacim, Sedequías:* reyes de Judá durante la vida de Jeremías
- *el pueblo de Judá:* hace lo malo a los ojos de Dios
- *los varones de Anatot:* traman asesinar a Jeremías; Dios revela su complot
- *el alfarero:* muestra a Jeremías cómo moldea Dios su vida
- *Pasur:* oficial jefe del templo; ha puesto a Jeremías en el cepo
- *Nabucodonosor:* rey de Babilonia; ataca el reino de Sedequías
- *Urías, hijo de Semaías:* predica un mensaje parecido a Jeremías; asesinado por Joacim
- *Ananías:* profetiza falsamente y muere poco después

EN EL MAPA
Jeremías era un profeta de Anatot, la cual, según se cree, estaba a unos cinco kilómetros al norte de Jerusalén. El actual asentamiento israelí de Anatot (también conocido como Almón) permanece en el mismo lugar.

VISTAZO GENERAL
Llamado al ministerio siendo niño (1.6), Jeremías profetiza una mala noticia a Judá: «He aquí yo traigo sobre vosotros gente de lejos, oh casa de Israel, dice Jehová; gente robusta, gente antigua, gente cuya lengua ignorarás, y no entenderás lo que hablare» (5.15). Jeremías fue burlado por sus profecías, a veces golpeado, y hasta encarcelado en una cisterna fangosa (capítulo 38). Pero sus palabras se hicieron realidad con la invasión de Babilonia, de la cual se habla en el capítulo 52.

Digno de resaltar

- Antes que te formase en el vientre te conocí, y antes que nacieses te santifiqué, te di por profeta a las naciones. (1.5)
- Engañoso es el corazón más que todas las cosas, y perverso; ¿quién lo conocerá? (17.9)
- He aquí que como el barro en la mano del alfarero, así sois vosotros en mi mano, oh casa de Israel. (18.6)
- Porque yo sé los pensamientos que tengo acerca de vosotros, dice Jehová, pensamientos de paz, y no de mal, para daros el fin que esperáis. (29.11)
- Y me buscaréis y me hallaréis, porque me buscaréis de todo vuestro corazón. (29.13)
- En aquel día, dice Jehová de los ejércitos, yo quebraré su yugo de tu cuello, y romperé tus coyundas, y extranjeros no lo volverán más a poner en servidumbre. (30.8)
- Y me seréis por pueblo, y yo seré vuestro Dios. (30.22)

Se comenta

En cuanto a Jeremías, es necesario observar, en primer lugar, que comenzó su oficio como profeta bajo Josías, en el año decimotercero de su reinado. Este era un siervo sincero de Dios y, sin embargo, el estado de las cosas era entonces muy confuso: no conocían el Libro de la Ley, de tal manera que todos se entregaban a sus fantasías y se inventaban muchas formas impías de adoración.
Juan Calvino

El corazón del profeta estaba abrumado de dolor por amor a su pueblo; al mismo tiempo estaba lleno de una profunda sensibilidad con respecto a su relación con el Señor. Esta producía un conflicto continuo en su alma, entre el pensamiento del valor del pueblo como pueblo de Dios y el santo celo por la gloria de Dios y sus derechos sobre su pueblo, derechos que estaban siendo pisoteados. Esto le causaba una herida incurable en su corazón.
John Darby

Único e inusual

El libro de Jeremías que leemos es aparentemente una segunda versión ampliada de un primer proyecto de destrucción. El rey Joacim, enojado con Jeremías y sus profecías nefastas, cortó el rollo con una navaja y «lo echó en el fuego que ardía en el brasero» (36.23). Por orden de Dios,

Jeremías, con la asistencia de su escriba Baruc, escribió un segundo rollo con mensaje adicional (36.32).

APLICACIÓN

Por medio de Jeremías, Dios le dio a Judá unos cuarenta años para arrepentirse. Dios «es paciente para con nosotros, no queriendo que ninguno perezca, sino que todos procedan al arrepentimiento» (2 Pedro 3.9).

Lamentaciones

Autor
No se indica, aunque tradicionalmente es atribuido a Jeremías.

Fecha
Probablemente alrededor de 586 a.c., poco después de la caída de Jerusalén ante los babilonios.

En pocas palabras
Un poema desesperado sobre la destrucción de Jerusalén.

Personajes
- *Dios:* se invoca su compasión por Jerusalén
- *Jerusalén:* la ciudad se describe como una reina que se convierte en esclava; la hija de Sion
- *el pueblo de Sodoma:* su castigo se describe como inferior a la desgracia de Jerusalén
- *los profetas y los sacerdotes:* sus pecados se describen como la causa de la destrucción de Jerusalén
- *los hijos de Sion:* una vez valieron su peso en oro, ahora hay que rehacer las vasijas de barro
- *las hijas de Sion:* el Señor acabará con sus aflicciones
- *las hijas de Edom:* su papel en la caída de Jerusalén señala que sus aflicciones nunca acabarán

En el mapa
Jeremías era un profeta de Anatot, que, según se cree, está ubicada a unos cinco kilómetros al norte de Jerusalén. El actual asentamiento israelí de Anatot (también conocido como Almón), se levanta sobre el mismo enclave.

Vistazo general
Después de la advertencia de la nación judía del sur acerca de obedecer a Dios, el profeta Jeremías fue testigo del castigo que había amenazado. Los enemigos de Judá prosperaron, porque el Señor los había afligido por la multitud de sus transgresiones. Jeremías escribe: «Sus enemigos han sido hechos príncipes … Sus hijos fueron en cautividad delante del enemigo» (1.5). La escena llena de lágrimas los ojos de Jeremías («Por

esta causa lloro; mis ojos, mis ojos fluyen aguas», 1.16); esto le hace merecedor de su apodo, «el profeta llorón». Lamentaciones termina con un grito lastimero: «Porque nos has desechado; te has airado contra nosotros en gran manera» (5.22).

Digno de resaltar

- ¡Cómo ha quedado sola la ciudad populosa! La grande entre las naciones se ha vuelto como viuda, la señora de provincias ha sido hecha tributaria. (1.1)
- Jehová ha hecho lo que tenía determinado;
- Ha cumplido su palabra, la cual él había mandado desde tiempo antiguo. (2.17)
- Por la misericordia de Jehová no hemos sido consumidos, porque nunca decayeron sus misericordias. Nuevas son cada mañana; grande es tu fidelidad. (3.22–23)
- Mi porción es Jehová, dijo mi alma; por tanto, en él esperaré. (3.24)
- Bueno es Jehová a los que en él esperan, al alma que le busca. (3.25)
- Te acercaste el día que te invoqué; dijiste: No temas (3.57).
- Mas tú, Jehová, permanecerás para siempre; tu trono de generación en generación. ¿Por qué te olvidas completamente de nosotros, y nos abandonas tan largo tiempo? (5.19–20)
- Vuélvenos, oh Jehová, a ti, y nos volveremos; renueva nuestros días como al principio. (5.21)

Se comenta

Solo con Lamentaciones basta para defender a Jeremías contra el cargo de ser un ignorante aldeano, porque en la antigüedad ... no se encuentra nada más serio, más armonioso ni más expresivo.
Juan Calvino (sobre la insinuación de que Jeremías no fue tan elocuente como Isaías)

Puesto que, a pesar de ser contrario a la opinión común del mundo, lo que indica Salomón (el pesar es mejor que la risa, y más vale ir a la casa del luto que a la casa del banquete) es verdad, no solo deberíamos acercarnos a la lectura y la consideración de los tristes capítulos de este libro con ganas, sino también con la expectativa de ser edificados por ellos; y, para poder hacerlo, debemos prepararnos para una tristeza santa y proponernos llorar con el profeta llorón.
Matthew Henry

Único e inusual

Aunque Lamentaciones no indica su autor, Jeremías se describe en 2 Crónicas como compositor de los lamentos (35.25).

Aplicación

El castigo de Dios puede parecer grave, pero como dice el libro de Hebreos: «Es verdad que ninguna disciplina al presente parece ser causa de gozo, sino de tristeza; pero después da fruto apacible de justicia a los que en ella han sido ejercitados» (12.11).

EZEQUIEL

AUTOR
El sacerdote Ezequiel (1.1–3).

FECHA
Aproximadamente entre los años 590 y 570 A.C.

EN POCAS PALABRAS
Aunque Israel está en el exilio, la nación será restaurada.

PERSONAJES
- *Dios:* envía a Ezequiel a los israelitas, «ya sea que escuchen o que se abstengan de escuchar»
- *Ezequiel:* sacerdote y profeta; recibe visiones del cielo
- *El Espíritu Santo:* levanta a Ezequiel y lo envía de regreso
- *Jaazanías, Pelatías:* dos de los setenta ancianos de Jerusalén que practican la idolatría
- *Tamuz:* deidad pagana adorada en Jerusalén
- *Ahola, Aholiba:* Samaria y Jerusalén personificadas como prostitutas
- *esposa de Ezequiel:* el deseo de sus ojos: muere durante la misión de Ezequiel
- *Nabucodonosor:* rey de Babilonia; instrumento de la ira de Dios
- *Faraón:* rey de Egipto; a Ezequiel se le ordena que profetice contra él

EN EL MAPA
El profeta Ezequiel vivió exiliado en la ciudad de Babilonia. Los restos de la que una vez fuera una ciudad poderosa, se hallan en Al Hilla, en la provincia babilónica de Irak.

VISTAZO GENERAL
Ezequiel, un judío exiliado en Babilonia, se convierte en el vocero de Dios para sus compatriotas en el exilio. Comparte con ellos inusuales (incluso extrañas) visiones, recordándoles el pecado que los llevó a su cautiverio, pero también ofrece la esperanza de la restauración nacional.

DIGNO DE RESALTAR
- Aconteció … que estando yo en medio de los cautivos junto al río Quebar, los cielos se abrieron, y vi visiones de Dios. (1.1)

- Acaso ellos escuchen; pero si no escucharen, porque son una casa rebelde, siempre conocerán que hubo profeta entre ellos. (2.5)
- He aquí que todas las almas son mías; como el alma del padre, así el alma del hijo es mía; el alma que pecare, esa morirá. (18.4)
- Porque no quiero la muerte del que muere, dice Jehová el Señor; convertíos, pues, y viviréis. (18.32)
- Diles: Vivo yo, dice Jehová el Señor, que no quiero la muerte del impío, sino que se vuelva el impío de su camino, y que viva. Volveos, volveos de vuestros malos caminos; ¿por qué moriréis, oh casa de Israel? (33.11)
- En derredor tendrá dieciocho mil cañas. Y el nombre de la ciudad desde aquel día será Jehová-sama. (48.35)

SE COMENTA

Este libro encierra muchas cosas misteriosas, oscuras y difíciles de comprender, por lo que los rabinos judíos prohibieron su lectura a sus jóvenes, para que las dificultades con las que se pudieran encontrar no les crearan prejuicios en contra de las Escrituras; pero, si leemos estas partes más complicadas con humildad y reverencia, y las examinamos con diligencia ... podremos sin duda extraer mucha enseñanza para que nuestra fe se confirme y nuestra esperanza en el Dios al que adoramos se vea alentada.
Matthew Henry

El nombre de Ezequiel significa «La fuerza de Dios». Y, de hecho, Dios fortaleció su rostro contra toda oposición. En la tradición de los judíos, los cautivos de Babilonia lo condenaron a muerte por su valentía y su fidelidad a la hora de reprobarlos. Las profecías de este libro se declararon y se escribieron en Babilonia, para los judíos que estaban cautivos allí. Ezequiel profetizó al comienzo de su cautiverio, para convencerlos cuando ellos vivían con seguridad y arrogancia; en la última parte de la cautividad, Daniel los consuela cuando estaban abatidos y desalentados.
John Wesley

ÚNICO E INUSUAL

La visión de Ezequiel de un valle de huesos secos es una de las imágenes más extrañas de la Biblia: «Profeticé, pues como me fue mandado y hubo un ruido, y he aquí un temblor, y los huesos se juntaron ... tendones ... y la carne subió sobre ellos, y la piel los cubrió por encima ... Y entró espíritu en ellos, y vivieron, y estuvieron sobre sus pies, un gran ejército superior» (37.7–8, 10).

APLICACIÓN

Ezequiel enseña firmemente la responsabilidad personal: «El alma que pecare, esa morirá. Y el hombre que fuere justo, e hiciere según el derecho y la justicia ... De cierto éste vivirá, dice Jehová el Señor» (18.4–5, 9).

DANIEL

AUTOR

El autor del libro probablemente fue Daniel, aunque algunos cuestionan esta posibilidad. Los capítulos 7 a 12 están escritos en primera persona («yo, Daniel», 7.15), aunque los seis primeros están en tercera persona («Entonces Daniel habló», 2.14).

FECHA

El período de la cautividad babilónica, fue aproximadamente durante los años 605–538 A.C.

EN POCAS PALABRAS

Por ser fiel a Dios en un ambiente desafiante, Daniel es bendecido.

PERSONAJES

- *Dios:* capacita a Daniel para interpretar los sueños de los reyes; lo protege a él y a sus amigos
- *Daniel:* fue llevado cautivo a Babilonia; preparado como sirviente real; siempre fiel a Dios
- *Nabucodonosor:* rey extranjero; lleva a Babilonia los tesoros y al pueblo de Jerusalén
- *Ananías, Misael, Azarías:* amigos de Daniel; son arrojados al horno de fuego, pero sobreviven
- *Belsasar:* hijo de Nabucodonosor; ve la «escritura en la pared»; después fallece
- *Darío:* rey de los medas; sucede a Belsasar; echa a Daniel en el foso de los leones
- *el varón vestido de lino:* le describe a Daniel cómo será el fin de los tiempos; quizá una aparición previa de Jesús

EN EL MAPA

Daniel y sus compañeros fueron llevados cautivos desde Judá a Babilonia, la ciudad real de Babilonia.

VISTAZO GENERAL

Cuando era joven, Daniel junto con tres compañeros conocidos como Sadrac, Mesac y Abednego, fueron tomados de su casa en Jerusalén para servir al rey de Babilonia. Dios le había dado a Daniel la habilidad de interpretar sueños, cualidad que hizo que el rey Nabucodonosor tuviera un especial aprecio por él, y cuya visión de una enorme estatua —dice Daniel—, representa los reinos existentes y futuros. Sadrac, Mesac y Abednego tuvieron fuertes problemas al desobedecer la orden de inclinarse ante una estatua de Nabucodonosor; como castigo, fueron lanzados a un horno ardiente, donde fueron protegidos por un ser angelical «semejante a hijo de dioses» (3.25). El siguiente rey de Babilonia, Belsasar, hizo una fiesta para beber utilizando tazas robadas del templo de Jerusalén; él literalmente ve «la escritura en la pared», la cual Daniel interpreta como la inminente toma de Babilonia por los medos. Darío el rey medo, toma a Daniel como consejero, pero es engañado al aprobar una ley diseñada por otros funcionarios celosos los cuales querían hacerle daño a Daniel, que acaba en el foso de los leones. Una vez más, Dios protege a su pueblo; Daniel pasa una noche con los leones protegido por los ángeles de Dios, luego fue sustituido por los intrigantes que son devorados por los animales hambrientos. Los últimos seis capítulos contienen visiones proféticas de Daniel, entre ellas la profecía de las «setenta semanas» del final de los tiempos.

Digno de resaltar

- Y el rey habló con ellos, y no fueron hallados entre todos ellos otros como Daniel, Ananías, Misael y Azarías; así, pues, estuvieron delante del rey. (1.19)
- He aquí nuestro Dios a quien servimos puede librarnos del horno de fuego ardiendo; y de tu mano, oh rey, nos librará. (3.17)
- Y él dijo: He aquí yo veo cuatro varones sueltos, que se pasean en medio del fuego sin sufrir ningún daño; y el aspecto del cuarto es semejante a hijo de los dioses. (3.25)
- Mi Dios envió su ángel, el cual cerró la boca de los leones, para que no me hiciesen daño. (6.22)
- Inclina, oh Dios mío … porque no elevamos nuestros ruegos ante ti confiados en nuestras justicias, sino en tus muchas misericordias (9.18)

Se comenta

Las predicciones de las cosas por venir se relacionan con el estado de la iglesia en todos los tiempos: y, entre los profetas antiguos, Daniel es el más claro en cuanto al tiempo, y el más fácil de entender; por tanto, en lo relacionado con los últimos tiempos, Daniel debe servir de clave para el resto.

Isaac Newton

Ezequiel nos cuenta lo que vio, y lo que previó, en sus primeros años de cautiverio: Daniel nos cuenta lo que lo que vio, y lo que previó, en los últimos años de cautiverio. Se trata de la misma obra, aunque Dios utilice distintas manos.
Matthew Henry

Único e inusual

El libro fue originalmente escrito en dos idiomas: hebreo (la introducción y la mayoría de las profecías, el capítulo 1 y los capítulos 8–12) y arameo (las historias de los capítulos 2–7).

Aplicación

Como dice la antigua canción: «Atrévete a ser un Daniel». Dios siempre se encargará de las personas que «se atreven a pararse solas … que tienen un propósito firme» con Él.

OSEAS

AUTOR

Probablemente el mismo Oseas, aunque el texto está en primera y tercera personas.

FECHA

En algún momento entre 750 (aproximadamente cuando Oseas empezó a ministrar) y 722 A.C. (cuando Asiria invadió Israel).

EN POCAS PALABRAS

El matrimonio del profeta con una prostituta refleja la relación de Dios con Israel.

PERSONAJES

- *Dios:* demuestra la falta de fe de Israel y su amor, a través del matrimonio de Oseas
- *Oseas:* un profeta de Israel, reino del norte
- *Gomer:* esposa de Oseas, una mujer infiel
- *Jeroboam:* rey de Israel durante el ministerio de Oseas
- *Jehú:* lleva a cabo una masacre en Jezreel
- *Jezreel:* hijo mayor de Oseas; una advertencia para Jehú
- *Lo-ruhama:* hija de Oseas, su nombre refleja el disgusto de Dios con Israel
- *Lo-ammi:* hijo menor de Oseas
- *Efraín:* la tribu más grande de Israel; idólatras, pero Dios aún desea que vuelvan

EN EL MAPA

Oseas vive y predica en Israel, el reino del norte (y no en Judá). Menciona Mizpa en Galaad, que puede ser la actual ciudad de Metula, a los pies del monte Hermón. Parece estar igualmente familiarizado con el Líbano, al norte.

VISTAZO GENERAL

Dios le da una extraña orden a Oseas: «Tómate una mujer fornicaria» (1.2). La imagen del matrimonio es el reflejo de la relación de Dios con Israel: un esposo amoroso honorable, unido con una esposa infiel. Oseas se casa con una mujer adúltera llamada Gomer y comienza una familia con ella. Cuando Gomer regresa a su vida de pecado, Oseas —reflejando de nuevo la fidelidad de Dios— vuelve a comprarla en el mercado de esclavos. El libro no solo contiene las advertencias de Dios por la desobediencia, sino también sus promesas de bendición por el arrepentimiento.

DIGNO DE RESALTAR

- El principio de la palabra de Jehová por medio de Oseas. Dijo Jehová a Oseas: Ve, tómate una mujer fornicaria, e hijos de fornicación; porque la tierra fornica apartándose de Jehová. (1.2)
- Y la sembraré para mí en la tierra, y tendré misericordia de Lo-ruhama; y diré a Lo-ammi: Tú eres pueblo mío, y él dirá: Dios mío. (2.23)
- Porque misericordia quiero, y no sacrificio, y conocimiento de Dios más que holocaustos. (6.6)
- Porque [Israel] sembraron viento, y torbellino segarán. (8.7)
- Mas yo soy Jehová tu Dios desde la tierra de Egipto; no conocerás, pues, otro dios fuera de mí, ni otro salvador sino a mí. (13.4)
- No nos librará el asirio; no montaremos en caballos, ni nunca más diremos a la obra de nuestras manos: Dioses nuestros; porque en ti el huérfano alcanzará misericordia. (14.3)

SE COMENTA

El libro de Oseas que tenemos solo constituye esa porción de sus enseñanzas públicas que al Espíritu Santo le pareció adecuado conservar para el beneficio de la iglesia. El motivo de colocarlo como el primero de los doce [profetas menores] fue, probablemente, su longitud, su intensa sinceridad y el patriotismo de sus profecías, así como su estrecho parecido con los profetas mayores.

A. R. Fausset

Su estilo es breve y conciso; en algunas partes, sentencioso e inconexo, oscuro y de difícil interpretación; y, en otras, muy conmovedor y emotivo. No cabe duda de la inspiración y la autoridad divinas de este libro, puesto que Cristo y sus apóstoles citan y mencionan algunos de sus pasajes.

John Gill

ÚNICO E INUSUAL

Gomer tuvo tres hijos —quizá eran de Oseas, aunque tal vez no—, a cada uno le da un nombre profético. Hijo de Jezreel fue nombrado por la masacre, Lo-ruhama, el nombre de su hija, quería decir: «no amada», y Lo-ammi significa: «no mi pueblo».

APLICACIÓN

Dios es fiel, aun cuando su pueblo no lo sea; Él siempre está dispuesto a perdonar. Dios dijo por medio de Oseas: «Yo sanaré su rebelión, los amaré de pura gracia; porque mi ira se apartó de ellos» (14.4).

JOEL

AUTOR
Joel, hijo de Petuel (1.1). Poco se sabe acerca de él.

FECHA
No queda claro, pero posiblemente se escribió poco antes de la invasión babilónica de Judá en el 586 a.c.

EN POCAS PALABRAS
Una plaga de langostas refleja el juicio de Dios a su pueblo pecador.

PERSONAJES
- *Dios:* castiga a su pueblo con una plaga de langostas
- *Joel:* un profeta que predica para que el pueblo regrese al Señor

EN EL MAPA
Se sabe muy poco sobre Joel, hijo de Petuel, pero sus referencias a los efectos de las langostas sobre las ofrendas del templo parecen indicar que vivió en Jerusalén o en sus alrededores.

VISTAZO GENERAL
Un enjambre de langostas devastadoras invade la nación de Judá, pero Joel indica que ese desastre natural no es nada comparado con el «grande y muy terrible» día del Señor que vendrá (2.11). Dios planea juzgar a su pueblo por el pecado, pero todavía tienen tiempo para arrepentirse. La obediencia traerá renovación tanto física como espiritual: «Yo derramaré mi espíritu sobre toda carne», dice Dios (2.28). Cuando el Espíritu Santo vino sobre los creyentes cristianos en Pentecostés, el apóstol Pedro cita este pasaje para explicar lo que sucedió (Hechos 2.17).

DIGNO DE RESALTAR
- Tierra, no temas; alégrate y gózate, porque Jehová hará grandes cosas. (2.21)
- Y después de esto derramaré mi Espíritu sobre toda carne, y profetizarán vuestros hijos y vuestras hijas; vuestros ancianos soñarán sueños, y vuestros jóvenes verán visiones. (2.28)
- El sol se convertirá en tinieblas, y la luna en sangre, antes que venga el día

grande y espantoso de Jehová. (2.31)
- Todo aquel que invocare el nombre del Señor será salvo. (2.32)
- Forjad espadas de vuestros azadones, lanzas de vuestras hoces; diga el débil: Fuerte soy. (3.10)
- El sol y la luna se oscurecerán, y las estrellas retraerán su resplandor. (3.15)
- Muchos pueblos en el valle de la decisión; porque cercano está el día de Jehová en el valle de la decisión. (3.14)
- Y Jehová rugirá desde Sion, y dará su voz desde Jerusalén, y temblarán los cielos y la tierra; pero Jehová será la esperanza de su pueblo, y la fortaleza de los hijos de Israel. (3.16)

Se comenta

El estilo de Joel es preeminentemente puro. Se caracteriza por la suavidad y la fluidez en los ritmos, por la rotundidad de las frases y por la regularidad de los paralelismos. Combina la fuerza de Miqueas con la ternura de Jeremías, la intensidad de Nahum y la sublimidad de Isaías.
A. R. Fausset

Parece, en efecto, que profetizó después de que las diez tribus fueran llevadas cautivas, lo que sucedió en el año decimosexto del reinado de Ezequías, puesto que no se hace mención de Israel; sin embargo, con respecto a los tiempos futuros, solo se menciona a Judá y a Jerusalén. Cualquiera que sea el momento en el que profetizó, no cabe duda de la autenticidad de este libro, que se confirma en las menciones de dos apóstoles, Pedro y Pablo.
John Gill

La expresión del libro de Joel es suficientemente sencilla, aunque algunos pasajes pueden ser complicados.
John Darby

Único e inusual

A diferencia de otros profetas que condenaron la idolatría, la injusticia y otros pecados específicos del pueblo judío, Joel simplemente hizo un llamado al arrepentimiento sin describir el pecado cometido.

Aplicación

Aunque Dios juzga el pecado, siempre ofrece una salida: hoy ese camino es a través de Jesús.

Amós

Amós, un pastor de Tecoa, cerca de Belén (1.1).

Fecha
Aproximadamente 760 a.c.

En pocas palabras
La verdadera religión no es solo un ritual, es tratar a la gente con justicia.

Personajes
- *Dios:* se prepara para aplastar a un Israel próspero, pero espiritualmente despojado, «Como se aprieta el carro lleno de gavillas»
- *Amós:* un profeta; llamado para advertir del disgusto de Dios contra los que «arruináis a los pobres de la tierra»
- *Jeroboam:* rey de Israel durante el ministerio de Amós
- *Uzías:* rey de Judá durante el ministerio de Amós
- *Amasías:* sacerdote de Betel; miente sobre Amós e intenta silenciarlo

En el mapa
El profeta Amós proviene de la ciudad de Tecoa, en Judá. (Un asentamiento en Cisjordania con el mismo nombre ocupa ahora su ubicación). Viaja al norte para advertir a Israel sobre las consecuencias de su estilo de vida.

Vistazo general
Un hombre corriente —un humilde pastor—, se enfrenta a los ricos y poderosos de Israel, condena su culto idolátrico, su persecución de los profetas de Dios y su engaño a los pobres. Aunque Dios rescató al pueblo de Israel de la esclavitud en Egipto, está dispuesto a devolverlos a ella por su pecado. Amós tiene visiones que reflejan la difícil situación de Israel: una plomada indica que el pueblo no cumple lo que Dios exige, y una canasta de frutas maduras muestra que la nación está lista para el juicio de Dios.

Digno de resaltar
- Así ha dicho Jehová: Por tres pecados de Israel, y por el cuarto, no revocaré su castigo; porque vendieron por dinero al justo, y al pobre por un par de zapatos. (2.6)
- Yo destruí delante de ellos al amorreo, cuya altura era como la altura

de los cedros, y fuerte como una encina; y destruí su fruto arriba y sus raíces abajo. (2.9)

- ¿Andarán dos juntos, si no estuvieren de acuerdo? (3.3)
- Porque no hará nada Jehová el Señor, sin que revele su secreto a sus siervos los profetas. (3.7)
- Entonces respondió Amós, y dijo a Amasías: No soy profeta, ni soy hijo de profeta, sino que soy boyero, y recojo higos silvestres. Y Jehová me tomó de detrás del ganado, y me dijo: Ve y profetiza a mi pueblo Israel. (7.14–15)
- Porque he aquí yo mandaré y haré que la casa de Israel sea zarandeada entre todas las naciones, como se zarandea el grano en una criba, y no cae un granito en la tierra. (9.9)

SE COMENTA

Amós era un pastor, dedicado a la agricultura. Pero es el mismo Espíritu divino el que influyó en Isaías y en Daniel en la corte, y en Amós en los pastos, y le dio a cada uno el poder y la elocuencia necesarios. Les asegura a las doce tribus que llegará la destrucción de las naciones vecinas; y les reprocha con severidad a los judíos que se entreguen a la maldad y a la idolatría; pero describe la restauración de la iglesia por parte del Mesías, que se extiende hasta los últimos días.
Matthew Henry

Amós fue contemporáneo de Oseas, Joel e Isaías, y profetizó poco tiempo antes que Isaías. Su nombre significa «una carga»; en alusión a esto, podemos decir que su palabra fue la carga de Señor. Su estilo es con frecuencia conciso y sentencioso, lo cual hace que sea algo oscuro. Contiene muchos reproches, alusiones y argumentos tomados de su trabajo en el campo. Pero los adecúa con una habilidad y una belleza admirables, con una elocuencia inimitable.
John Wesley

ÚNICO E INUSUAL

Amós, un nativo judío del reino del sur, de Judá, fue dirigido por Dios para profetizar en la nación judía del norte de Israel.

APLICACIÓN

¿Cómo estás tratando a la gente que te rodea? A los ojos de Dios, esto es un indicador de tu condición espiritual. Para una perspectiva del Nuevo Testamento, véase Santiago 2.14–18.

Abdías

Autor
Abdías (1.1), quizás alguien con ese nombre o un profeta anónimo para quien el apelativo «Abdías» (que significa «siervo de Dios») es un título.

Fecha
No está claro, pero probablemente fue dentro de los treinta años posteriores a la invasión de los babilonios en Judá en el 586 a.c.

En pocas palabras
Edom sufrirá por su participación en la destrucción de Jerusalén.

Personajes
- *Dios:* declara que ninguna nación debe creer que está por encima de su poder
- *Abdías:* un profeta; habla contra aquellos que se regocijan de la caída de Judá
- *Temán:* una tribu de Edom; desciende de Esaú

En el mapa
Se desconoce el pueblo natal de Abdías, pero, al clamar contra Edom, una vecina tradicionalmente antagónica de Judá, podría haber sido nativo del reino del sur.

Vistazo general
Edom era una nación descendiente de Esaú, hermano gemelo de Jacob, el patriarca de Israel. Los gemelos habían luchado desde el vientre de su madre (Génesis 25.21–26), conflicto que ha continuado a través de los siglos. Después, Edom participó en el saqueo de Babilonia contra Jerusalén, Abdías transmite el juicio de Dios: «Por la injuria a tu hermano Jacob te cubrirá vergüenza, y serás cortado para siempre» (1.10).

Digno de resaltar
- Si te remontares como águila, y aunque entre las estrellas pusieres tu nido, de ahí te derribaré, dice Jehová. (1.4)
- Por la injuria a tu hermano Jacob te cubrirá vergüenza, y serás cortado para siempre. (1.10)
- Mas en el monte de Sion habrá un remanente que se salve. (1.17)

- Pues no debiste tú haber estado mirando en el día de tu hermano, en el día de su infortunio. (1.12)
- Porque cercano está el día de Jehová sobre todas las naciones; como tú hiciste se hará contigo; tu recompensa volverá sobre tu cabeza. (1.15)
- De la manera que vosotros bebisteis en mi santo monte, beberán continuamente todas las naciones; beberán, y engullirán, y serán como si no hubieran sido. (1.16)
- La casa de Jacob será fuego, y la casa de José será llama, y la casa de Esaú estopa, y los quemarán y los consumirán; ni aun resto quedará de la casa de Esaú, porque Jehová lo ha dicho. (1.18)
- Y subirán salvadores al monte de Sion para juzgar al monte de Esaú; y el reino será de Jehová. (1.21)

SE COMENTA

[Dios] concluye la profecía de Abdías con el testimonio del efecto de su llamado al arrepentimiento, de su fidelidad inalterable a sus promesas y a su amor inagotable. Israel recibiría poder y fuerza contra esos enemigos formidables, y poseería en paz el territorio que sus enemigos habían invadido. La liberación estaría en el monte Sion; desde ese monte sería juzgado Esaú, y el reino sería de Jehová.
John Darby

Este es el libro más corto del todo el Antiguo Testamento, la menor entre esas tribus, y, sin embargo, no se puede pasar por alto ni menospreciarlo, porque esa moneda lleva la imagen y título del César; tiene un sello de autoridad divina. Es posible que aparezca mucho de Dios en un sermón breve, en un libro pequeño; y se puede hacer mucho bien a través de él, *multum in parvo* (mucho en lo breve).
Matthew Henry

ÚNICO E INUSUAL

Abdías es el libro más breve del Antiguo Testamento, se compone de solo un capítulo y 21 versículos.

APLICACIÓN

Abdías muestra la fidelidad de Dios a su pueblo. Esta profecía es un cumplimiento de la promesa de Dios para las primeras generaciones: «Bendeciré a los que te bendijeren, y a los que te maldijeren maldeciré» (Génesis 12.3).

JONÁS

Autor
No está claro quién fue su autor, aunque es la historia de Jonás, el libro está escrito en tercera persona.

Fecha
Aproximadamente 760 a.c. Jonás profetizó durante el reinado de Jeroboam II rey de Israel (véase 2 Reyes 14.23–25), que gobernó desde aproximadamente 793 a 753 a.c.

En pocas palabras
Un profeta renuente, huyendo de Dios, es tragado por un pez gigante.

Personajes
- *Dios:* tiene un mensaje para la gran, pero pagana, ciudad de Nínive y necesita un mensajero
- *Jonás:* piensa que el mensaje de Dios es una pérdida de tiempo y de esfuerzo
- *el capitán del barco:* tiene miedo de la tormenta, le pide a Jonás que clame a su Dios
- *los marineros:* no quieren arrojar a Jonás por la borda, pero él insiste
- *el gran pez:* a menudo se piensa en una ballena, pero en la Biblia se describe como un «gran pez»
- *el rey de Nínive:* oyó el mensaje de Jonás y llamó a su pueblo al arrepentimiento

En el mapa
Dios le ordena a Jonás que vaya a Nínive, en la actualidad unas ruinas en las afueras de Mosul, Irak. Él, en cambio, se dirige a Jope (la ciudad israelí de Yafo o Jaffa en la actualidad), y toma un barco en dirección a Tarsis, que podría tratarse de Tarso, la ciudad donde más adelante nació el apóstol Pablo. Por supuesto, Jonás acaba en Nínive.

Vistazo general
Dios le dice a Jonás que vaya a Nínive, capital del malvado Imperio asirio, a predicar el arrepentimiento. Jonás desobedece navegando en la dirección opuesta hacia un encuentro con la inmortalidad. Una gran tormenta sorprende el barco en el cual Jonás se encuentra, pasa tres días en el vientre

del gigantesco pez antes de decidir obedecer a Dios. Cuando Jonás predica, Nínive se arrepiente, y Dios perdona a la ciudad de la destrucción que le había amenazado. Pero el prejuiciado Jonás hizo pucheros. La historia termina con la proclamación del cuidado de Dios incluso para los paganos viciosos.

Digno de resaltar

- Levántate y ve a Nínive, aquella gran ciudad, y pregona contra ella; porque ha subido su maldad delante de mí. (1.2)
- Y Jonás se levantó para huir de la presencia de Jehová a Tarsis. (1.3)
- Pero Jehová tenía preparado un gran pez que tragase a Jonás; y estuvo Jonás en el vientre del pez tres días y tres noches. (1.17)
- Entonces oró Jonás a Jehová su Dios desde el vientre del pez. (2.1)
- Mas yo con voz de alabanza te ofreceré sacrificios; pagaré lo que prometí. La salvación es de Jehová. (2.9)
- Y vio Dios lo que hicieron, que se convirtieron de su mal camino; y se arrepintió del mal que había dicho que les haría, y no lo hizo. (3.10)
- Ahora pues, oh Jehová, te ruego que me quites la vida; porque mejor me es la muerte que la vida. (4.3)
- ¿Y no tendré yo piedad de Nínive, aquella gran ciudad donde hay más de ciento veinte mil personas que no saben discernir entre su mano derecha y su mano izquierda, y muchos animales? (4.11)

Se comenta

A propósito, si observas el libro de Jonás, descubrirás que la «ballena», que realmente no se menciona como tal, sino como un gran pez, es muy importante. El verdadero tema es que Dios es mucho más misericordioso que los «profetas», el arrepentimiento lo conmueve fácilmente, y nadie le dará órdenes, ni siquiera los altos eclesiásticos a quienes Él mismo ha nombrado.
J. R. R. Tolkien, en carta a su nieto

No hay momentos más deliciosos que los que se pasan con la lectura del libro de Jonás. Es uno de los mejores libros del Antiguo Testamento. Su tema es llamativo y emocionante. Su desconocido autor parece haber poseído la visión de un san Pablo, la fuerza satírica de un George Bernard Shaw y el delicioso humor de un G. K. Chesterton. El relato contiene verdades fundamentales ... El amor de Dios es ilimitado y universal. Todos los hombres son guardianes de sus hermanos, y dependen los unos de los otros.
Martin Luther King, Jr.

ÚNICO E INUSUAL

La profecía de Jonás no se cumplió debido al arrepentimiento de los ninivitas.

APLICACIÓN

Dios nos ama a *todos*, incluso a los enemigos de su pueblo escogido. En Romanos 5.8 dice: «Dios muestra su amor para con nosotros, en que siendo aún pecadores, Cristo murió por nosotros».

Miqueas

Autor
«Palabra de Jehová que vino a Miqueas de Moreset» (1.1). Miqueas o bien escribió las profecías o se las dictó a otro.

Fecha
Aproximadamente 700 a.c.

En pocas palabras
Israel y Judá sufrirían por su idolatría e injusticia.

Personajes
- *Dios:* planea humillar al pueblo de Judá, pero promete claramente su liberación
- *Miqueas:* un profeta; contemporáneo de Isaías
- *Jotam, Acaz, Ezequías:* reyes de Judá durante el ministerio de Miqueas

En el mapa
El profeta Miqueas proviene de Moreset, una ciudad fortificada de los montes de Judá. Se cree que las ruinas halladas cerca del pueblo palestino actual de Bayt Jibrin podrían corresponder a Moreset.

Vistazo general
Miqueas disciplina tanto a las naciones judías del sur como a las del norte por seguir a los dioses falsos y engañar a los pobres. Las dos naciones serían devastadas por los invasores (los asirios), pero Dios preservará «el resto de Israel» (2.12).

Digno de resaltar
- Oíd, pueblos todos; está atenta, tierra, y cuanto hay en ti; y Jehová el Señor, el Señor desde su santo templo, sea testigo contra vosotros. (1.2)
- Pero tú, Belén Efrata, pequeña para estar entre las familias de Judá, de ti me saldrá el que será Señor en Israel; y sus salidas son desde el principio, desde los días de la eternidad. (5.2)
- Oh hombre, él te ha declarado lo que es bueno, y qué pide Jehová de ti: solamente hacer justicia, y amar misericordia, y humillarte ante tu Dios. (6.8)

- ¿Daré por inocente al que tiene balanza falsa y bolsa de pesas enga-
ñosas? (6.11)
- Faltó el misericordioso de la tierra, y ninguno hay recto entre
los hombres; todos acechan por sangre; cada cual arma red a su
hermano. (7.2)
- Mas yo a Jehová miraré, esperaré al Dios de mi salvación; el Dios
mío me oirá. (7.7)
- Tú, enemiga mía, no te alegres de mí, porque aunque caí, me levan-
taré; aunque more en tinieblas, Jehová será mi luz (7.8).
- El volverá a tener misericordia de nosotros; sepultará nuestras
iniquidades, y echará en lo profundo del mar todos nuestros pecados.
(7.19)

SE COMENTA

La profecía de Miqueas data de la misma fecha y, hasta cierto punto,
tiene la misma naturaleza que la de Isaías. Es decir, trata especialmente
sobre la introducción del Mesías en el desarrollo de los asuntos de Dios
con Israel, e incluso habla particularmente de la presencia de Dios
en relación con el ataque de los asirios. Sin embargo, esta profecía
tiene naturaleza propia; comienza, del mismo modo que las de Oseas
y Amós, con la condición moral del pueblo, y conecta el juicio del
mundo en general con la condición de los judíos, como nos la encontramos en Jonás.
John Darby

Al ser contemporáneo del profeta Isaías (aunque empezó a profetizar
un poco después que él), existe un estrecho parecido entre la profecía
de aquel profeta y la de este; y de boca de dos testigos como estos
sale, casi con las mismas palabras, el mismo mensaje extraordinario: la predicción del avance y del establecimiento de la iglesia del
evangelio.
Matthew Henry

ÚNICO E INUSUAL

Siglos antes de que sucediera el nacimiento de Jesús, Miqueas profetizó
cuál era la ciudad donde se produciría: «Pero tú, Belén Efrata, pequeña
para estar entre las familias de Judá, de ti me saldrá el que será Señor
en Israel; y sus salidas son desde el principio, desde los días de la eternidad» (5.2).

Miqueas muestra cómo el juicio divino es mitigado por su misericordia. «¿Qué Dios como tú, que perdona la maldad, y olvida el pecado del remanente de su heredad? No retuvo para siempre su enojo, porque se deleita en misericordia» (7.18).

NAHUM

Autor
«Libro de la visión de Nahum de Elcos» (1.1). Nahum o bien escribió las profecías o se las dictó a otro.

Fecha
En algún momento entre 663 y 612 a.c.

En pocas palabras
Nínive, poderosa y malvada, caerá ante el juicio de Dios.

Personajes
- *Dios:* «lento para la ira» pero en nada complacido con los ninivitas
- *Nahum:* un profeta; su nombre significa «consolador», pero tiene poco consuelo para Nínive

En el mapa
Nahum es de la ciudad de Elcos. (Un asentamiento actual con ese nombre ocupa el mismo lugar cerca de la frontera de Israel y el Líbano). Predica contra Nínive, cuyas ruinas se pueden hallar cerca de Mosul, Irak.

Vistazo general
«¡Ay de ti, ciudad sanguinaria!» clama Nahum (3.1). Nínive, capital del brutal Imperio asirio, ha sido establecida para juicio por Dios mismo, quien manifiesta: «echaré sobre ti inmundicias, y te afrentaré, y te pondré como estiércol» (3.6), por los pecados de idolatría y crueldad. La profecía de Nahum se hace realidad cuando el Imperio babilonio invade Nínive en el 612 a.c.

Digno de resaltar
- Jehová es tardo para la ira y grande en poder, y no tendrá por inocente al culpable (1.3).
- Jehová es bueno, fortaleza en el día de la angustia; y conoce a los que en él confían (1.7).
- ¿Qué pensáis contra Jehová? El hará consumación; no tomará venganza dos veces de sus enemigos. (1.9)
- Mas acerca de ti mandará Jehová, que no quede ni memoria de tu nombre. (1.14)

- He aquí sobre los montes los pies del que trae buenas nuevas, del que anuncia la paz. (1.15)
- Heme aquí contra ti, dice Jehová de los ejércitos. (2.13)
- ¡Ay de ti, ciudad sanguinaria, toda llena de mentira y de rapiña, sin apartarte del pillaje! (3.1)
- Todos los que te vieren se apartarán de ti, y dirán: Nínive es asolada; ¿quién se compadecerá de ella? ¿Dónde te buscaré consoladores? (3.7)
- No hay medicina para tu quebradura; tu herida es incurable; todos los que oigan tu fama batirán las manos sobre ti, porque ¿sobre quién no pasó continuamente tu maldad? (3.19)

SE COMENTA

Unos cien años antes, ante la predicación de Jonás, los ninivitas se arrepintieron y fueron perdonados; sin embargo, poco después llegaron a ser peores que nunca. Nínive no conoce a ese Dios que contiende contra ella, pero se le advierte qué clase de Dios es. A todos conviene incorporar a la fe lo que se afirma aquí sobre él, que produce gran terror a los malvados y consuelo para los creyentes. Que cada uno tome su parte: que los pecadores lo lean y tiemblen; y que los santos lo lean y se regocijen. La ira del Señor se contrasta con su bondad hacia su pueblo. Quizá para el mundo tienen poca visibilidad y consideración, pero el Señor los conoce.
Matthew Henry

Su nombre significa «consuelo» y, aunque el tema de su profecía se refiere principalmente a la destrucción del Imperio asirio y a Nínive, su ciudad principal, suponía un consuelo para el pueblo de los judíos que un enemigo tan poderoso y temido, y que tanto los había afligido, un día sería destruido.
John Gill

ÚNICO E INUSUAL

Nahum es una especie de Jonás, parte dos. Aunque la ciudad había evitado una vez el juicio divino al aceptar en su corazón el mensaje de arrepentimiento de la predicación de Jonás, ahora, más de un siglo después, experimentan la consecuencia total de sus pecados.

APLICACIÓN

Incluso la ciudad más poderosa de la tierra no compite con la fuerza de Dios. Tampoco el mayor problema en nuestras vidas individuales.

HABACUC

AUTOR
Habacuc (1.1), nada se sabe de sus antecedentes.

FECHA
Aproximadamente 600 A.C.

EN POCAS PALABRAS
Confía en Dios, incluso cuando parezca injusto o que no responde.

PERSONAJES
- *Dios:* permite que su plan para su pueblo se lleve a cabo a su debido tiempo
- *Habacuc:* un profeta; impaciente; se queja de la crueldad de los babilonios y de la aparente inactividad de Dios; aun así, permanece en el temor del Señor

EN EL MAPA
Se sabe menos de Habacuc que de la mayoría de los demás profetas. La tradición lo sitúa en Judea y Babilonia. Incluso se discute el lugar donde fue enterrado. Tiene muchas supuestas tumbas: en la alta Galilea ¡y en Tuyserkan, Irán!

VISTAZO GENERAL
En Judá, un profeta se queja de que Dios permite que la violencia y la injusticia lleguen a su pueblo. Pero Habacuc se sorprende al conocer el plan del Señor para hacer frente al problema: el envío de los caldeos, nación «cruel y presurosa» (1.6), para castigar a Judá. Habacuc sostiene que los caldeos son mucho peores que los judíos desobedientes, diciéndole a Dios: «Muy limpio eres de ojos para ver el mal» (1.13). El Señor, sin embargo, dice que solo usa a los caldeos para sus propósitos y, en su momento, los castigará por sus propios pecados. No es trabajo de Habacuc cuestionar a Dios por sus formas de proceder: «Mas Jehová está en su santo templo; calle delante de él toda la tierra» (2.20). Habacuc, como Job, en última instancia, se somete a la autoridad de Dios.

Digno de resaltar

- ¿Hasta cuándo, oh Jehová, clamaré, y no oirás, y daré voces a ti a causa de la violencia, y no salvarás? (1.2)
- Mirad entre las naciones, y ved, y asombraos; porque haré una obra en vuestros días, que aun cuando se os contare, no la creeréis. (1.5)
- ¿No eres tú desde el principio, oh Jehová, Dios mío, Santo mío? No moriremos. (1.12)
- Mas el justo por su fe vivirá. (2.4)
- Oh Jehová, he oído tu palabra, y temí. Oh Jehová, aviva tu obra en medio de los tiempos, en medio de los tiempos hazla conocer; en la ira acuérdate de la misericordia. (3.2)
- Mas Jehová está en su santo templo; calle delante de él toda la tierra. (2.20)
- Y me gozaré en el Dios de mi salvación. (3.18)
- Jehová el Señor es mi fortaleza, el cual hace mis pies como de ciervas, y en mis alturas me hace andar. (3.19)

Se comenta

La profecía de este libro es una mezcla de las palabras que dirigen los profetas a Dios en nombre de su pueblo y a su pueblo en nombre de Dios, pues el oficio del profeta consiste en llevar los mensajes en ambas direcciones. En él tenemos una representación viva del trato y de la comunión entre un Dios de gracia y un alma llena de gracia. El conjunto se refiere en particular a la invasión de la tierra de Judá por los caldeos, que supuso la ruina del pueblo de Dios, justa retribución por la ruina que se habían causado entre ellos.

Matthew Henry

La fecha parece haber sido en torno al 610 A.C., pues los caldeos atacaron Jerusalén en el mes noveno del año quinto de Joacim, 605 A.C. Habacuc habla de los caldeos como si fueran a invadir Judá, pero no como si ya lo hubiesen hecho. En el segundo capítulo sigue consolando a su pueblo, presagia la humillación de sus conquistadores, y esa visión se cumplirá pronto. En el tercer capítulo, el profeta celebra, en una oda sublime, las liberaciones que Jehová ha dado a su pueblo en tiempos pasados, como base de la seguridad de que, a pesar de todas sus calamidades, los liberará de nuevo.

A. R. Fausset

ÚNICO E INUSUAL

El apóstol Pablo cita Habacuc 2.4 en su poderosa presentación del evangelio en Romanos 1.

APLICACIÓN

Nuestro mundo es muy similar al de Habacuc, un mundo lleno de violencia y de injusticia, pero Dios todavía está al mando. Lo sintamos o no, está trabajando para llevar a cabo sus propósitos.

Sofonías

Autor
Sofonías (1.1).

Fecha
Aproximadamente entre 640–620 a.c, durante el reinado de Josías (1.1).

En pocas palabras
El «día del Señor», vendrá con juicio severo.

Personajes
- *Dios:* sumamente airado
- *Sofonías:* un profeta, posiblemente descendiente de la realeza de Judea

En el mapa
Sofonías, bisnieto de un rey de Judá, predica en y alrededor de la ciudad de Jerusalén.

Vistazo general
Sofonías comienza con una profecía estremecedora: «Destruiré por completo todas las cosas de sobre la faz de la tierra». Dios la declara en el segundo versículo del libro. Personas, animales, aves y peces, todos perecerán, víctimas de la ira de Dios por la idolatría de Judá. Otras naciones vecinas serán castigadas, así, por «el fuego de mi celo» (3.8), pero hay esperanza: En su misericordia, Dios un día restaurará un remanente de Israel que «no hará injusticia, ni dirá mentira» (3.13).

Digno de resaltar
- Cercano está el día grande de Jehová ... y muy próximo (1.14).
- Ni su plata ni su oro podrá librarlos en el día de la ira de Jehová, pues toda la tierra será consumida con el fuego de su celo; porque ciertamente destrucción apresurada hará de todos los habitantes de la tierra. (1.18)
- Buscad a Jehová todos los humildes de la tierra, los que pusisteis por obra su juicio; buscad justicia, buscad mansedumbre; quizá seréis guardados en el día del enojo de Jehová. (2.3)
- Y extenderá su mano sobre el norte, y destruirá a Asiria, y convertirá a Nínive en asolamiento y en sequedal como un desierto. (2.13)

- Jehová en medio de ella es justo, no hará iniquidad; de mañana sacará a luz su juicio, nunca faltará; pero el perverso no conoce la vergüenza. (3.5)
- El remanente de Israel no hará injusticia ni dirá mentira, ni en boca de ellos se hallará lengua engañosa; porque ellos serán apacentados, y dormirán, y no habrá quien los atemorice. (3.13)
- Jehová está en medio de ti, poderoso, él salvará; se gozará sobre ti con alegría. (3.17)
- En aquel tiempo yo os traeré, en aquel tiempo os reuniré yo; pues os pondré para renombre y para alabanza entre todos los pueblos de la tierra, cuando levante vuestro cautiverio delante de vuestros ojos, dice Jehová. (3.20)

Se comenta

Este profeta está ubicado al final, pues fue cronológicamente el último, de todos los profetas menores, antes del cautiverio y no mucho antes de Jeremías, quien vivió en el periodo de la cautividad. Predice la destrucción general de Judá y de Jerusalén a manos de los caldeos, y les presenta sus pecados, los que habían provocado que Dios trajera la ruina sobre ellos; los llama al arrepentimiento, amenaza a las naciones vecinas con las mismas destrucciones y da promesas alentadoras de su feliz regreso de la cautividad a su debido tiempo.
Matthew Henry

Sofonías nos presenta el juicio del Espíritu de Dios con respecto a la condición del testimonio del nombre de Dios en este mundo, en un momento en el que se produjo una restauración externa por medio de un rey que temía a Dios. Dios había otorgado este favor más de una vez a su pueblo, incluso cuando soportó con paciencia su rebelión y su sublevación.
John Darby

Único e inusual

Sofonías da más detalles acerca de sí mismo que la mayoría de los profetas menores, se identificó como tataranieto de Ezequías (1.1), probablemente el popular y más justo rey de Judá (2 Crónicas 29).

Aplicación

Dios le hizo al pueblo de Judá razonables llamados de alerta en cuanto a su juicio, tal como lo ha hecho con nosotros. A los cristianos, la venida del «día del Señor» no nos da temor.

HAGEO

AUTOR
Hageo (1.1).

FECHA
520 a.c., una fecha precisa, puesto que Hageo menciona «el año segundo del rey Darío» (1.1), que puede ser verificado con los registros persas.

EN POCAS PALABRAS
Los judíos regresaron del exilio y debían reconstruir el templo de Dios.

PERSONAJES
- *Dios:* promete un tiempo de prosperidad, de seguridad y de mayor fe
- *Hageo:* profeta; anima al pueblo a que recuerde al Señor y a que construya su templo
- *Zorobabel:* gobernador de Judá; un elegido de Dios
- *Josué:* el sumo sacerdote; ayuda a difundir el mensaje de Hageo
- *Darío:* gobernante de Persia durante el ministerio de Hageo

EN EL MAPA
El profeta Hageo predica en las ruinas reconstruidas de Jerusalén y sus alrededores.

VISTAZO GENERAL
Uno de los tres profetas «posexílicos», Hageo alienta a los excautivos de Babilonia a restaurar el templo demolido en Jerusalén. La nueva potencia mundial, Persia, ha permitido a la gente regresar a Jerusalén, pero ellos se han distraído con la construcción de sus cómodos hogares. Por medio de Hageo, Dios le dijo al pueblo que primero debían reconstruir el templo a fin de romper una sequía que afectaba al campo.

DIGNO DE RESALTAR
- ¿Es para vosotros tiempo, para vosotros, de habitar en vuestras casas artesonadas, y esta casa está desierta? (1.4)
- ... Meditad bien sobre vuestros caminos. (1.5)
- Sembráis mucho, y recogéis poco; coméis, y no os saciáis; bebéis, y no quedáis satisfechos; os vestís, y no os calentáis; y el que trabaja a jornal recibe su jornal en saco roto. (1.6)

- Subid al monte, y traed madera, y reedificad la casa; y pondré en ella mi voluntad, y seré glorificado, ha dicho Jehová. (1.8)
- Por eso se detuvo de los cielos sobre vosotros la lluvia, y la tierra detuvo sus frutos. (1.10)
- Esfuérzate, dice Jehová … pueblo todo de la tierra, dice Jehová, y trabajad; porque yo estoy con vosotros, dice Jehová de los ejércitos. (2.4)
- Porque así dice Jehová de los ejércitos: De aquí a poco yo haré temblar los cielos y la tierra, el mar y la tierra seca; y haré temblar a todas las naciones, y vendrá el Deseado de todas las naciones; y llenaré de gloria esta casa, ha dicho Jehová de los ejércitos. (2.6–7)
- Si alguno llevare carne santificada en la falda de su ropa, y con el vuelo de ella tocare pan, o vianda, o vino, o aceite, o cualquier otra comida, ¿será santificada? Y respondieron los sacerdotes y dijeron: No. (2.12)

SE COMENTA

Nueve de los doce profetas menores predicaron antes del cautiverio, pero los tres últimos lo hicieron después. Hageo y Zacarías aparecieron casi al mismo tiempo, dieciocho años después del regreso, y, pese a toda la oposición que encontraron, animaron al pueblo a reconstruir el templo, cuando la obra llevaba un tiempo detenida. Hageo comenzó dos meses antes de Zacarías, quien había sido levantado para apoyarlo. Pero Zacarías continuó durante más tiempo en la obra.
John Wesley

Hageo significa «mi festividad», y se llamó así en previsión del gozoso regreso del exilio. Fue quizá uno de los exiliados judíos (de las tribus de Judá, Benjamín y Leví) que regresaron bajo la dirección de Zorobabel, cabeza civil del pueblo, y Josué, el sumo sacerdote, cuando Ciro les concedió la libertad y les suministró lo necesario para la restauración del templo.
A. R. Fausset

ÚNICO E INUSUAL

Hageo parece aludir a los tiempos de tribulación final y a la Segunda Venida de Cristo cuando cita a Dios diciendo: «Yo haré temblar los cielos y la tierra, el mar y la tierra seca; haré temblar a todas las naciones, y vendrá el Deseado de todas las naciones» (2.6–7).

APLICACIÓN

Las prioridades son importantes. Cuando ponemos a Dios primero, Él se inclina más a bendecirnos.

ZACARÍAS

Zacarías, hijo de Berequías (1.1), algunos creen que un segundo escritor anónimo contribuyó a escribir los capítulos 9 a 14.

FECHA
Aproximadamente entre 520–475 a.c.

EN POCAS PALABRAS
Los exiliados judíos deben reconstruir su templo y anticipar la llegada de su Mesías.

PERSONAJES
- *Dios:* proclama un nuevo tiempo de prosperidad y misericordia
- *Zacarías:* un profeta
- *Darío:* rey del Imperio persa durante el tiempo en que predicó Zacarías
- *el ángel del Señor:* intercede ante Dios por Jerusalén
- *el varón con el cordel de medir:* procura medir Jerusalén
- *Josué:* Sumo sacerdote; hijo de Josadac; «un tizón arrebatado del incendio»
- *Satanás:* el acusador; reprendido por Dios
- *Zorobabel:* allanará el monte y presentará la piedra angular
- *la mujer en el efa:* un símbolo de iniquidad
- *Heldai, Tobías, Jedaías:* exiliados que regresan, y que suministran el oro para la corona de Josué

EN EL MAPA
Zacarías es un profeta, y quizá sacerdote, de Judá. Su dedicación a la reconstrucción de Jerusalén y del templo puede indicar que su hogar es Jerusalén.

VISTAZO GENERAL
Como Hageo, Zacarías es otro profeta postexílico. Él insta a los judíos a reconstruir el templo de Jerusalén. También anuncia varias profecías respecto a la venida del Mesías, incluida una visión de los tiempos finales y de una batalla final sobre Jerusalén, cuando «saldrá Jehová y peleará con aquellas naciones... Y se afirmarán sus pies en aquel día sobre el Monte de los Olivos ... Y Jehová será rey sobre toda la tierra» (14.3–4, 9).

- Volveos a mí, dice Jehová de los ejércitos, y yo me volveré a vosotros. (1.3)
- Alégrate mucho, hija de Sion; da voces de júbilo, hija de Jerusalén; he aquí tu rey vendrá a ti, justo y salvador, humilde, y cabalgando sobre un asno, sobre un pollino hijo de asna. (9.9)
- Y meteré en el fuego a la tercera parte, y los fundiré como se funde la plata, y los probaré como se prueba el oro. El invocará mi nombre, y yo le oiré, y diré: Pueblo mío; y él dirá: Jehová es mi Dios. (13.9)
- Porque yo reuniré a todas las naciones para combatir contra Jerusalén; y la ciudad será tomada. (14.2)

Se comenta

Zacarías dedica más atención que ninguno de los otros dos profetas del poscautiverio a los reinos gentiles bajo cuyo yugo fueron colocados los judíos y con el establecimiento en su perfección del glorioso sistema que debía acompañar la presencia del Mesías; y, por otra parte, con el rechazo hacia aquel Mesías por parte del remanente que había regresado del cautiverio.
John Darby

El nombre *Zacarías* significa «aquel a quien Jehová recuerda»; es un nombre común y en el Antiguo Testamento aparecen otras cuatro personas que se llaman igual. Como Jeremías y Ezequiel, era sacerdote además de profeta, y esto lo hace adecuado para la naturaleza sacerdotal de algunas de sus profecías. Se le llama «hijo de Berequías el hijo de Iddo», pero en Esdras 5.1 sencillamente se le presenta como «el hijo de Iddo». Es probable que su padre falleciera cuando él era joven y, por tanto, como a veces sucede en las genealogías judías, se le llama «hijo de Iddo», su abuelo. Iddo fue uno de los sacerdotes que regresaron con Zorobabel y Josué desde Babilonia.
A. R. Fausset

Único e inusual

La profecía de Zacarías acerca del Mesías montado en un burro entrando a Jerusalén (9.9) se cumplió totalmente en la «entrada triunfal de Jesús» (Mateo 21.1–11). La profecía que afirma que «y mirarán a mí, a quien traspasaron» (12.10) se refiere a los soldados romanos cuando con una lanza traspasaron el costado de Cristo después de la crucifixión (Juan 19.34).

Sabiendo que muchas de las profecías concretas de Zacarías se cumplieron en Jesús, podemos confiar en que sus otras predicciones acerca de los últimos tiempos también se cumplirán.

MALAQUÍAS

AUTOR
Malaquías (1.1), significa «mi mensajero». No se dan otros detalles.

FECHA
Aproximadamente en 450 A.C.

EN POCAS PALABRAS
Los judíos han descuidado su actitud hacia Dios.

PERSONAJES
- *Dios:* sin dejarse engañar por las excusas de los sacerdotes ni por el pueblo de Israel, exige el respeto que se le debe
- *Malaquías:* trae «la profecía de la palabra de Jehová contra Israel»
- *el mensajero del Señor:* el que ha de venir; Jesús
- *Moisés:* deben recordarse sus leyes
- *Elías:* el famoso profeta; Dios lo enviará de nuevo a preparar al pueblo para el día del Señor

EN EL MAPA
Poco se sabe de la vida de Malaquías, pero su escrito parece centrarse en Jerusalén, y se puede encontrar una tumba que lleva su nombre (junto con Hageo y Zacarías) en la ladera superior del monte de los Olivos en Jerusalén.

VISTAZO GENERAL
Malaquías profetiza un siglo después de volver del exilio, reprende a los judíos por ofrecer sacrificios de animales «cojos o enfermos» (1.8); por divorciarse de sus esposas para casarse con mujeres paganas (2.11, 14), y por no pagar los diezmos del templo (3.8). El Señor se enojó con la actitud de ellos, que decían: «Por demás es servir a Dios» (3.14); pero prometió bendecir a los obedientes: «Mas a vosotros los que teméis mi nombre, nacerá el Sol de justicia, y en sus alas traerá salvación; y saldréis, y saltaréis como becerros de la manada» (4.2).

DIGNO DE RESALTAR
- El hijo honra al padre, y el siervo a su señor. Si, pues, soy yo padre, ¿dónde está mi honra? y si soy señor, ¿dónde está mi temor? dice Jehová

de los ejércitos a vosotros, oh sacerdotes, que menospreciáis mi nombre. Y decís: ¿En qué hemos menospreciado tu nombre? (1.6)

- La ley de verdad estuvo en su boca, e iniquidad no fue hallada en sus labios; en paz y en justicia anduvo conmigo, y a muchos hizo apartar de la iniquidad. (2.6)
- Volveos a mí, y yo me volveré a vosotros, ha dicho Jehová de los ejércitos. (3.7)
- Y serán para mí especial tesoro, ha dicho Jehová de los ejércitos, en el día en que yo actúe. (3.17)
- Mas a vosotros los que teméis mi nombre, nacerá el Sol de justicia, y en sus alas traerá salvación. (4.2)
- El hará volver el corazón de los padres hacia los hijos, y el corazón de los hijos hacia los padres, no sea que yo venga y hiera la tierra con maldición. (4.6)

SE COMENTA

Los profetas de Dios fueron sus testigos para su iglesia, cada uno en su época, durante varios siglos, testigos de Él y de su autoridad, testigos contra el pecado y contra los pecadores, dando testimonio de las verdaderas intenciones de las providencias de Dios en su trato con su pueblo entonces, y de las buenas intenciones de su gracia en lo que respecta a su iglesia en los días del Mesías, de quien todos los profetas fueron testigos, pues todos estaban de acuerdo en sus testimonios; y ahora solo tenemos un testigo más a quien llamar, y habremos acabado con nuestras pruebas; y aunque Él es el último, y con Él cesó la profecía, el Espíritu de la profecía sigue brillando con la misma claridad, la misma fuerza y el mismo resplandor que cualquiera de los precedentes.
Matthew Henry

La profecía de Malaquías trata con el pueblo que ha sido traído de vuelta del cautiverio de Babilonia, y es sumamente importante mostrar la condición moral del pueblo derivada de su regreso. Sus últimos versículos cierran, de forma evidente, el testimonio de Jehová ante el pueblo, hasta la venida de aquel que debía preparar el camino de Jehová, es decir, hasta Juan el Bautista. La ley y los profetas fueron hasta Juan, y Malaquías es, explícitamente y por la naturaleza de su testimonio, el último.
John Darby

ÚNICO E INUSUAL

Malaquías, el último libro del Antiguo Testamento, contiene las últimas palabras de Dios por cuatrocientos años, hasta la aparición de Juan el Bautista y Jesús, el Mesías, como fue profetizado en Malaquías 3.1: «He aquí, yo envío mi mensajero, el cual preparará el camino delante de mí; y vendrá súbitamente a su templo el Señor a quien vosotros buscáis».

APLICACIÓN

Dios no quiere rituales religiosos vacíos, «Él quiere verdaderos adoradores que le adoren en espíritu y en verdad» (Juan 4.24).

MATEO

AUTOR
No se indica, pero tradicionalmente atribuido a Mateo, un recaudador de impuestos (9.9). Mateo se conoce también como «Leví» (Marcos 2.14).

FECHA
Aproximadamente 70 A.D., cuando los romanos destruyeron el templo en Jerusalén.

EN POCAS PALABRAS
Jesús cumple las profecías del Antiguo Testamento acerca de la venida del Mesías.

PERSONAJES
- *Dios:* envía a su hijo al mundo
- *Jesús:* desde su genealogía, pasando por su vida, su muerte y su resurrección
- *María:* encinta del Espíritu Santo
- *José:* un hombre justo; protege a María y al bebé Jesús
- *Herodes:* rey de Judá
- *los magos:* también conocidos en la tradición como los «Tres Reyes»
- *Juan el Bautista:* prepara el camino del Señor
- *Pedro, Andrés, Santiago, Juan:* los primeros discípulos que se mencionan
- *un leproso:* cree que Jesús puede sanarlo; es sanado
- *el centurión:* un hombre bajo autoridad, reconoce la autoridad de Jesús
- *Mateo:* un recaudador de impuestos; discípulo
- *Judas:* un discípulo de Jesús; lo traiciona por treinta monedas de plata

EN EL MAPA
El libro de Mateo cuenta el nacimiento de Cristo en Belén, en la actual Cisjordania. Jesús llama sus discípulos, junto al mar de Galilea, y vive durante un tiempo en Capernaum. Visita Gadara, ahora Umm Qais en Jordania. Visita Tiro y Sidón, ahora en el Líbano. Es arrestado en Getsemaní y crucificado en el Gólgota. En la actualidad existen cuatro lugares en Jerusalén que reivindican ser Getsemaní. La ubicación del Gólgota también se debate, pero, por lo general, se considera que está en la Iglesia del Santo Sepulcro de Jerusalén.

Vistazo general

Como primero de los cuatro Evangelios (que significa «buenas nuevas»), el libro de Mateo une lo que sigue en el Nuevo Testamento a lo que procede del Antiguo. El libro, escrito principalmente para un público judío, utiliza numerosas referencias del Antiguo Testamento para probar que Jesús es el Mesías prometido que los judíos han estado esperando desde hace siglos. Empezando con una genealogía que muestra «la ascendencia de Jesús a través del rey David y el patriarca Abraham, seguidamente, Mateo da detalles del anuncio angelical en cuanto a «la concepción de Jesús» y la visita de los «magos del oriente» con sus regalos de oro, incienso y mirra. Mateo introduce el personaje Juan el Bautista, pariente y precursor de Jesús, y describe la vocación de los principales discípulos Pedro, Andrés, Santiago y Juan. Las enseñanzas de Jesús son enfatizadas, con largos pasajes que cubren el Sermón del Monte (capítulos 5 a 7), incluyendo las bienaventuranzas («Bienaventurados los...») y la Oración del Señor («Padre nuestro que estás en los cielos...») Como todos los cuatro Evangelios, Mateo también habla de la muerte, sepultura y resurrección de Jesús y es el único biógrafo de Cristo que habla de varios milagros como la ruptura del velo del templo, el terremoto, la tumba abierta y la resurrección de los santos muertos que ocurrió durante ese tiempo (27.50–54).

Digno de resaltar

- Y dará a luz un hijo, y llamarás su nombre JESÚS, porque él salvará a su pueblo de sus pecados. (1.21)
- Vosotros sois la sal de la tierra ... Vosotros sois la luz del mundo. (5.13–14)
- No penséis que he venido para abrogar la ley o los profetas; no he venido para abrogar, sino para cumplir. (5.17)
- No juzguéis, para que no seáis juzgados. (7.1)
- Pedid y se os dará, buscad y hallaréis, llamad y se os abrirá. (7.7)
- Por tanto, id, y haced discípulos a todas las naciones, bautizándolos en el nombre del Padre del Hijo y del Espíritu Santo. (28.19)

Se comenta

Mateo también publicó un Evangelio escrito entre los hebreos, en su propio dialecto, mientras Pedro y Pablo predicaban en Roma y establecían los cimientos de la iglesia.
Ireneo, obispo del siglo II

Cuando nos acercamos a Mateo, vamos al libro que bien podríamos denominar el documento más importante de la fe cristiana, pues en él tenemos la información más sistemática y completa de la vida y de las enseñanzas de Jesús.
William Barclay

ÚNICO E INUSUAL

Mateo es el único Evangelio que utiliza los términos «iglesia» y «reino de los cielos».

APLICACIÓN

Como Mesías, Jesús es también Rey, digno de nuestra adoración.

MARCOS

AUTOR

No se indica, pero tradicionalmente atribuido a Juan Marcos, compañero misionero de Pablo y Bernabé (Hechos 12.25) e hijo en la fe del apóstol Pedro (1 Pedro 5.13).

FECHA

Probablemente en el año 60, durante la persecución de los cristianos en Roma.

EN POCAS PALABRAS

Jesús es el Hijo de Dios, el siervo sufriente de todas las personas.

PERSONAJES

- *Dios:* proclama a Jesús como su Hijo
- *Jesús:* se muestra en su vida adulta, con sus enseñanzas, sus milagros, su muerte y su resurrección
- *Juan el Bautista:* bautizó al Señor en el río Jordán
- *Suegra de Simón Pedro:* Jesús la sana de unas fiebres
- *Pedro, Santiago, Juan, Andrés, Felipe, Bartolomé, Mateo, Tomás, Santiago, Tadeo, Simón, Judas:* los doce discípulos
- *Legión:* un hombre poseído por muchos demonios; exorcizado por Jesús
- *Jairo:* Jesús resucita a su hija muerta
- *el joven rico:* ama al Señor, pero ama más sus posesiones

EN EL MAPA

Marcos comienza en el desierto de Judea, con Juan el Bautista. A continuación, Jesús llega desde Nazaret a Galilea y a Capernaum. Camina sobre las aguas en el mar de Galilea. Visita Tiro, Sidón y Decápolis, un área de diez ciudades en la frontera entre Judea y Siria. Sana en Betsaida (cerca de Capernaum) y Jericó. Betania (ahora llamada Al-Eizariya) es su último refugio seguro antes de entrar en Jerusalén.

VISTAZO GENERAL

El segundo de los cuatro Evangelios para muchos debió de haber sido escrito primero. El libro de Marcos es la más breve y activa de las cuatro biografías de Jesús, la mayoría de los registros se repite en los Evangelios de Mateo y Lucas. Marcos se dirige a un público gentil, representando a Jesús como hombre de acción, divinamente capaz de sanar la enfermedad, controlar la naturaleza y luchar contra los poderes de Satanás. El tema de Marcos acerca del siervo sufriente proviene de sus narraciones acerca de la interacción de Jesús con los escépticos hostiles: los dirigentes judíos, que querían matarlo (9.31); sus vecinos, que le ofendían (6.3), e incluso los miembros de su propia familia, que pensaban que estaba loco (3.21). Jesús les presenta a sus discípulos lo que deben perseguir: «El que quiera hacerse grande entre vosotros será vuestro servidor, y el que de vosotros quiera ser el primero, será siervo de todos. Porque el Hijo del Hombre no vino para ser servido, sino para servir, y para dar su vida en rescate por muchos» (10.43–45).

Digno de resaltar

- Venid en pos de mí, y haré que seáis pescadores de hombres. (1.17)
- Dejad que los niños vengan a mí, y no se lo impidáis porque de los tales es el reino de Dios. (10.14)
- Es más fácil que un camello pase por el ojo de una aguja, que un rico entre en el reino de Dios. (10.25)
- Dad al César lo que es del César, y a Dios lo que es de Dios. (12.17)
- Velad y orad, para que no entréis en tentación. El espíritu a la verdad está dispuesto, pero la carne es débil. (14.38)

Se comenta

Marcos escribió el segundo Evangelio ... Se reúnen los siguientes hechos de su autor: el nombre de su madre era María, y se nos dice que era hermana de Bernabé. Se convirtió por medio de Pedro, y se supone que fue durante la gran reunión del día de Pentecostés.
Barton W. Johnson

Es el gozoso relato del ministerio, los milagros, los hechos y los sufrimientos de Cristo: su escritor no fue uno de los doce apóstoles, sino un evangelista. El apóstol Pedro lo llama [Juan Marcos] su hijo, y se cree que escribió su Evangelio al dictado y por orden de Pedro, quien lo examinó posteriormente y le dio el visto bueno.
John Gill

Único e inusual

Muchos creen que un espectador anónimo en el «arresto de Jesús», que se menciona en el Evangelio de Marcos, era el mismo evangelista:

«Pero cierto joven le seguía, cubierto el cuerpo con una sábana; y le prendieron; mas él, dejando la sábana, huyó desnudo» (14.51–52).

APLICACIÓN

El sufrimiento y la pérdida no son necesariamente situaciones malas; de hecho, para los cristianos son el camino a la vida real (8.35).

LUCAS

AUTOR

No se indica, pero, por tradición, es atribuido a Lucas, un médico gentil (Colosenses 4.14) y compañero misionero del apóstol Pablo (2 Timoteo 4.11).

FECHA

Posiblemente entre 70 y 80 A.D., ya que el evangelio se estaba extendiendo por todo el Imperio romano.

EN POCAS PALABRAS

Jesús es el Salvador de todos los hombres, sean judíos o gentiles.

PERSONAJES

- *Dios:* camina por la tierra como hombre
- *Jesús:* su vida, sus obras y su resurrección
- *Teófilo:* persona desconocida para quien Lucas recopila la vida de Jesús
- *Zacarías, Elisabet:* su hijo, Juan, es el enviado para preparar el camino del Cristo
- *los pastores:* los primeros en enterarse del nacimiento de Jesús
- *Simeón, Ana:* felices de haber visto la llegada del Mesías
- *La mujer pecadora:* enjuga los pies del Señor con sus lágrimas
- *María Magdalena:* de ella se expulsaron siete demonios
- *el buen samaritano:* el bondadoso «prójimo» de la parábola de Jesús

EN EL MAPA

Lucas empieza en el templo de Jerusalén. Recoge la experiencia angelical de María en Nazaret, y cómo José lleva a su familia a Belén para el censo. El bebé Jesús es presentado en Jerusalén. Ya adulto, el Señor reúne a sus discípulos en los alrededores de Galilea y Capernaum. Resucita al hijo de una viuda en Naín (Nein en el Israel actual). Después de su crucifixión y de su resurrección, se aparece en el camino a Emaús, a unos once kilómetros al noroeste de Jerusalén.

VISTAZO GENERAL

El Evangelio de Lucas se dirige a un hombre llamado Teófilo (1.3), «para poner en orden la historia de las cosas que son firmemente ciertas entre nosotros» acerca de Jesucristo (1.1). No está claro quién fue

Teófilo, aunque algunos creen que podría haber sido un oficial romano, por lo que el libro de Lucas es el menos judío y el más universal de los cuatro Evangelios. Lucas traza la genealogía de Jesús más allá de Abraham, el patriarca hebreo, finalizando con Adán, y «el hijo de Dios» (3.38), el antepasado común de todos. Lucas también muestra la compasión de Jesús por toda la gente: los soldados romanos (7.1–10), las viudas (7.11–17), el «pecador» (7.36–50), los enfermos crónicos (8.43–48), los leprosos (17.11–19), y muchos otros incluido un criminal condenado a morir en una cruz al lado de Jesús (23.40–43). Al igual que con todos los Evangelios, Lucas muestra la resurrección de Jesús, agregando detalles de sus apariciones a los dos creyentes en el camino de Emaús y a los once discípulos restantes. Al final del libro, Lucas relata la ascensión de Cristo al cielo, preparando el escenario para una especie de secuela: el libro de Lucas de los Hechos.

Digno de resaltar

- Porque donde está vuestro tesoro, allí estará también vuestro corazón. (12.34)
- Os digo que así habrá más gozo en el cielo por un pecador que se arrepiente, que por noventa y nueve justos que no necesitan de arrepentimiento. (15.7)
- Todo el que procure salvar su vida, la perderá; y todo el que la pierda, la salvará. (17.33)
- De cierto os digo, que el que no recibe el reino de Dios como un niño, no entrará en él. (18.17)
- Porque el Hijo del Hombre vino a buscar y a salvar lo que se había perdido. (19.10)

Se comenta

Entramos ahora en las labores de otro evangelista; su nombre es Lucas. Algunos piensan que fue el único de los escritores bíblicos que no era de la simiente de Israel. Era un judío prosélito, convertido al cristianismo por el ministerio de san Pablo en Antioquía.
Matthew Henry

Existe consenso respecto a que [el libro de Lucas] es auténtico y de inspiración divina. Eusebio relata ... que este Evangelio, el de Mateo y el de Marcos les fueron presentados al apóstol Juan, quien los aprobó y dio testimonio de su veracidad.
John Gill

ÚNICO E INUSUAL

Lucas es el único evangelio que difunde las historias de Jesús («parábolas») acerca del buen samaritano (10.25–37), el hijo pródigo (15.11–32), y el hombre rico y Lázaro (16.19–31). Lucas es también el único evangelio que relata los detalles auténticos del nacimiento de Jesús y las palabras que dijo en la infancia (capítulo 2).

APLICACIÓN

No importa quién seas, de dónde vienes ni lo que hayas hecho, Jesús vino a buscarte y a salvarte.

JUAN

AUTOR
No se indica, pero, tradicionalmente es atribuido a Juan, el «discípulo a quien Jesús amaba» (Juan 21.7), hermano de Santiago, hijo de Zebedeo (Mateo 4.21).

FECHA
Alrededor del 90 A.D., es el último Evangelio escrito.

EN POCAS PALABRAS
Jesús es Dios mismo, el único Salvador del mundo.

PERSONAJES
- *Dios:* el Creador
- *Jesús:* el Verbo por el cual fueron creadas todas las cosas
- *Andrés:* un discípulo de Juan el Bautista que sigue a Jesús
- *Simón:* Jesús le cambia el nombre por Cefas (o Pedro)
- *Felipe:* le habla de Jesús a Natanael; Jesús ya conoce a Natanael
- *María:* la madre de Jesús; lo anima a realizar su primer milagro
- *la mujer samaritana:* se entera de la existencia del agua viva
- *el paralítico del estanque de Betesda:* Jesús lo cura en el día de reposo
- *Lázaro:* el hermano de Marta y María; Jesús lo resucita
- *Tomás:* el discípulo que duda de la resurrección

EN EL MAPA
El libro de Juan comienza, en realidad, en la Creación, pero describe con rapidez la vida terrenal de Jesús. Es bautizado en el río Jordán. En Caná (existen tres ciudades que reivindican ser Caná en Israel, y una en el Líbano) realiza su primer milagro. En Sicar, más tarde Siquem y después Nablús, en Cisjordania, Jesús se encuentra con la mujer samaritana. En Betania, cerca de Jerusalén, resucita a Lázaro de entre los muertos.

VISTAZO GENERAL
Si bien los libros de Mateo, Marcos y Lucas tienen muchas similitudes (se llaman «sinópticos», lo que significa que tienen una visión común), el libro de Juan está solo. El cuarto Evangelio resta importancia a las parábolas de Jesús (no se registran) y a los milagros (solo se destacan

siete). En cambio, Juan ofrece detalles más extensos acerca de las razones que tuvo Jesús para venir a la tierra («Yo he venido para que tengan vida, y para que la tengan en abundancia», 10.10); su relación íntima con Dios el Padre («Yo y mi Padre somos uno», 10.30), y sus sentimientos para con el trabajo que había venido a hacer («Padre, la hora ha llegado; glorifica a tu Hijo, para que también tu Hijo te glorifique a ti; como le has dado potestad sobre toda carne, para que dé vida eterna a todos los que le diste», 17.1–2). Juan también brinda especial énfasis al tratamiento tolerante que Jesús da a sus discípulos; Tomás, que dudaba de la resurrección (20.24–29), y Pedro, que había negado al Señor (21.15–23).

DIGNO DE RESALTAR

- En el principio era el Verbo, y el Verbo era con Dios, y el Verbo era Dios. (1.1)
- Porque de tal manera amó Dios al mundo, que ha dado a su Hijo unigénito para que todo aquel que en él cree, no se pierda, mas tenga vida eterna. (3.16)
- Yo soy el pan de vida. (6.35)
- Yo soy el buen pastor, el buen pastor su vida da por las ovejas. (10.11)
- Yo soy el camino, la verdad y la vida; nadie viene al Padre sino por mí. (14.6)

SE COMENTA

Juan, apóstol y evangelista, parece haber sido el más joven de los doce. El Señor lo favoreció con especial estima y confianza. Ejerció su ministerio con gran éxito en Jerusalén, y sobrevivió a la destrucción de aquella ciudad, conforme a la predicción de Cristo.
Matthew Henry

Generalmente se piensa que [el Evangelio de Juan] se escribió en respuesta a los errores de Ebión y Cerinto, quienes negaban la divinidad de Cristo. [Juan] inicia su Evangelio con la divinidad de Cristo; asevera que Él es Dios, demuestra que esto es verdad mediante las obras de la creación, que fueron realizadas por Él; asimismo, muestra que fue realmente hombre.
John Gill

ÚNICO E INUSUAL

El primer milagro de Jesús, la conversión del agua en vino en una boda en Caná, se registra solo en el Evangelio de Juan (2.1–12). Así como la resurrección de Lázaro de entre los muertos (11.1–44), la curación de un ciego de nacimiento (9.1–38), y la sanidad a través de la distancia del hijo de un noble (4.46–54). Juan es también el único evangelio en hacer mención acerca de Nicodemo, que oyó la enseñanza de Jesús en cuanto a que «Os es necesario nacer de nuevo» (3.7).

APLICACIÓN

«Pero éstas se han escrito para que creáis que Jesús es el Cristo, el Hijo de Dios, y para que creyendo, tengáis vida en su nombre» (20.31).

Hechos

Autor

Aunque no se indica su autor, tradicionalmente se atribuye a Lucas, un médico gentil (Colosenses 4.14), compañero misionero del apóstol Pablo (2 Timoteo 4.11), y autor del Evangelio de Lucas.

Fecha

Cubre los eventos de los años 30–60 A.D., Hechos fue escrito probablemente en algún momento entre los años 62 y 80 de la era cristiana.

En pocas palabras

La llegada del Espíritu Santo anuncia el comienzo de la iglesia cristiana.

Personajes

- *Dios:* dirige a los seguidores de Jesús, por medio del Espíritu Santo, a salir al mundo
- *Jesús:* Hechos comienza con sus instrucciones finales y su ascensión al cielo
- *Matías:* elegido para sustituir al difunto Judas
- *Pedro:* explica la obra del Espíritu Santo
- *Ananías, Safira:* mueren tras engañar al Espíritu Santo
- *Esteban:* el primero de los discípulos en ser martirizado
- *Felipe:* un evangelista; transportado milagrosamente por el Espíritu Santo
- *Saulo de Tarso:* rotundo oponente del cristianismo; se convierte en Pablo, el apóstol de los gentiles
- *Bernabé:* el discípulo conocido como «hijo de consolación»

En el mapa

Hechos comienza en Jerusalén, pero los creyentes pronto se esparcen hacia Judea (al sur de Israel), Samaria (la parte norte de Cisjordania) y Gaza (en la actual franja de Gaza). Saulo se convierte cerca de Damasco, Siria. Pedro visita Lida (ahora Lod, cerca de Tel Aviv) y Jope (ahora Jaffa, parte de Tel Aviv). Se establece una nueva iglesia cristiana en Antioquía, en la actual Turquía.

Vistazo general

Oficialmente llamado «Hechos de los Apóstoles», el libro de los

Hechos es un puente entre la historia de Jesús en los Evangelios y la vida de la iglesia en las cartas que le siguen. Lucas comienza con la ascensión de Jesús al cielo, cuarenta días de mucha actividad después de la resurrección, «hablando de las cosas pertenecientes al reino de Dios» (1.3). Diez días más tarde, Dios envía el Espíritu Santo en el día de la fiesta de Pentecostés y así nace la iglesia. Por medio del Espíritu, los discípulos reciben poder para predicar con valentía acerca de Jesús, por lo que tres mil personas se convierten en cristianos ese día. Los líderes judíos, temerosos del nuevo movimiento llamado «el camino» (9.2), comenzaron a perseguir a los creyentes, que difundieron el evangelio a través de gran parte del mundo conocido. El último perseguidor, Saulo, se convierte en cristiano después de un resplandeciente encuentro, con el Jesús celestial en el camino a Damasco. Saulo, después llamado Pablo, en última instancia, se une a Pedro y a otros líderes cristianos en la predicación, los milagros y el fortalecimiento de la iglesia naciente.

Digno de resaltar

- Varones galileos, ¿por qué estáis mirando al cielo? Este mismo Jesús, que ha sido tomado de vosotros al cielo, así vendrá como le habéis visto ir al cielo. (1.11)
- Arrepentíos, y bautícese cada uno de vosotros en el nombre de Jesucristo para perdón de los pecados; y recibiréis el don del Espíritu Santo. (2.38)
- Y en ningún otro hay salvación; porque no hay otro nombre bajo el cielo, dado a los hombres, en que podamos ser salvos. (4.12)
- Saulo, Saulo, ¿por qué me persigues? (9.4)

Se comenta

Las cosas que Lucas nos presenta aquí para que las sepamos, no solo son grandes, sino de un beneficio excepcional; porque, al mostrarnos que el Espíritu de Dios fue enviado a los apóstoles, no solo demuestra que Cristo fue fiel y veraz con respecto a la promesa que les dio a sus apóstoles, sino que nos certifica que Él siempre tiene presentes a los suyos.
Juan Calvino

Este libro es a los Evangelios lo que la fruta al árbol que la produce. En los Evangelios vemos el grano de trigo que cae en la tierra y muere; en Hechos lo vemos llevar mucho fruto.
A. R. Fausset

Único e inusual

Hechos habla del primer mártir cristiano, Esteban, lapidado por culpar a los líderes judíos de la muerte de Jesús (capítulo 7). Hechos también representa el evangelio de transición; uno que va de ser un mensaje meramente para el judío a otro que es para todas las personas (9.15; 10.45) y el comienzo del movimiento cristiano misionero (capítulo 13).

Aplicación

Los cristianos de hoy son impulsados por la misma fuerza que describe Hechos: «Recibiréis poder, cuando haya venido sobre vosotros el Espíritu Santo» (1.8).

Romanos

El apóstol Pablo (1.1), con la asistencia, como secretario, de Tercio (16.22).

FECHA
Aproximadamente en el año 57 A.D., al final del tercer viaje misionero de Pablo.

EN POCAS PALABRAS
Los pecadores son salvos solo por la fe en Jesucristo.

PERSONAJES
- *Dios:* ama a la iglesia en Roma; Pablo lo amó con todo su corazón
- *Jesús:* el Espíritu de Vida que liberó a Pablo puede liberar a cualquiera
- *Pablo:* un siervo de Jesús; viaja por todo el mundo conocido para extender el evangelio
- *los judíos:* Pablo les dice que no dependan de la ley ni de la circuncisión, sino de Dios y de Jesús
- *el justo:* Pablo dice que no hay ni uno; todos debemos depender de la gracia de Dios
- *Febe:* de la iglesia de Cencrea; recomendada personalmente por Pablo a los romanos
- *Epeneto:* el primer cristiano convertido en Asia Menor
- *Timoteo:* un compañero de Pablo; destinatario de una carta de Pablo
- *Tercio:* escribe la carta a los Romanos siguiendo las instrucciones de Pablo

EN EL MAPA
El libro se escribió a la iglesia en Roma, pero se sitúa en la misma ciudad. Es probable que la epístola se escribiese en la antigua Corinto, cuyas ruinas pueden encontrarse cerca de la ciudad actual de Corinto, Grecia.

VISTAZO GENERAL
Algunos llaman a Romanos un «libro de texto de teología» por su completa explicación acerca de la vida cristiana. Pablo comienza con una descripción de la justa ira de Dios contra el pecado humano (caps. 1–2)

y señala que todos somos pecadores (3.23). Pero Dios mismo proporciona la única manera de triunfar sobre el pecado, «la justicia de Dios que es por la fe en Jesucristo, para todos y sobre todo para los que creen» (3.22). Siendo justificados (hechos justos) por la fe en Jesús, podemos considerarnos «muertos al pecado, pero vivos para Dios en Cristo Jesús, Señor nuestro» (6.11). El Espíritu de Dios «vivifica» (da vida, 8.11) a todos los que creen en Jesús, que nos permite «presentar [el cuerpo] como sacrificio vivo, santo, agradable a Dios» (12.1). Es posible, con la ayuda de Dios, que «no seas vencido de lo malo, sino [que] vence el mal con el bien» (12.21).

DIGNO DE RESALTAR

- Por cuanto todos pecaron, y están destituidos de la gloria de Dios (3.23).
- Mas Dios muestra su amor para con nosotros, en que siendo aún pecadores, Cristo murió por nosotros (5.8).
- Porque la paga del pecado es muerte, mas la dádiva de Dios es vida eterna en Cristo Jesús nuestro Señor (6.23).
- ¡Miserable de mí!, ¿quién me librará de este cuerpo de muerte? Gracias doy a Dios, por Jesucristo Señor nuestro (7.24–25).
- Y sabemos que a los que aman a Dios, todas las cosas les ayudan a bien, esto es, a los que conforme a su propósito son llamados (8.28).
- No debáis a nadie nada, sino el amaros unos a otros; porque el que ama al prójimo, ha cumplido la ley (13.8).
- El amor no hace mal al prójimo; así que el cumplimiento de la ley es el amor (13.10)

SE COMENTA

Esta carta es verdaderamente la parte más importante del Nuevo Testamento. Es el evangelio más puro. Bien merece la pena que el cristiano no solo dedique tiempo a memorizarla palabra por palabra, sino que se ocupe en ella a diario, como si fuese el pan diario para el alma. Nunca se leerá ni se meditará demasiado tiempo o demasiado bien en esta carta.
Martín Lutero

Si podemos comparar versículos con versículos, y considerar la opinión de algunas personas devotas y piadosas, los salmos de David en el Antiguo Testamento y las epístolas de Pablo en el Nuevo Testamento son estrellas de primera magnitud, que difieren en gloria de las demás estrellas.
Matthew Henry

Único e inusual

A diferencia de las otras cartas de Pablo a las iglesias, Romanos se dirigía a una congregación que él nunca había conocido. El gran misionero tenía la esperanza de ver a los cristianos romanos personalmente mientras viajaba hacia el oeste a España (15.23–24). No está claro si en realidad Pablo llegó a España o si fue ejecutado en Roma después del final del libro de los Hechos.

Aplicación

En palabras de Pablo: «Justificados, pues, por la fe, tenemos paz para con Dios por medio de nuestro Señor Jesucristo» (5.1).

1 Corintios

Autor
El apóstol Pablo, con la ayuda de Sóstenes (1.1).

Fecha
Aproximadamente entre 55–57 de la era cristiana.

En pocas palabras
El apóstol aborda ciertos problemas de pecado en la iglesia de Corinto.

Personajes
- *Dios:* llama a los creyentes a tener comunión con Jesús
- *Jesús:* el Señor; mantendrá firmes a los corintios hasta el final
- *Pablo:* un apóstol de Cristo por la voluntad de Dios
- *Crispo, Gayo, la familia de Estéfanas:* corintios bautizados por Pablo
- *Apolos:* un predicador de la Palabra
- *el primer Adán:* el primer ser humano creado por Dios, a partir del polvo
- *el segundo Adán:* Jesús; un espíritu vivificante
- *Timoteo:* un discípulo; viene a Corinto con la recomendación de Pablo
- *Estéfanas, Fortunato, Acaico:* le traen provisiones a Pablo desde Corinto
- *Aquila, Priscila:* obreros motivadores de la iglesia; envían saludos a la iglesia corintia

En el mapa
La carta a la iglesia corintia se escribió en Éfeso, cuyas ruinas se encuentran cerca de Selcuk, Turquía.

Vistazo general
Pablo había ayudado a fundar la iglesia en Corinto (Hechos 18), pero luego se trasladó a otros campos misioneros. Durante su estancia en Éfeso, tuvo conocimiento de los graves problemas en la congregación de Corinto y les escribe una larga carta para abordar esas situaciones. Para los que discuten sobre quién debe dirigir la iglesia, Pablo exhorta a «que estéis perfectamente unidos en una misma mente y en un mismo parecer» (1.10). A un hombre envuelto en una relación inmoral con su madrastra, Pablo ordena: «Quitad, pues, de entre vosotros a ese perverso» (5.13). A los miembros de la iglesia presentando demandas

contra otros, Pablo advierte: «¿No sabéis vosotros que los injustos no heredarán el reino de Dios?» (6.9) El apóstol también enseña sobre el matrimonio, la libertad cristiana, la Cena del Señor, los dones espirituales y la resurrección de los muertos. En el famoso capítulo decimotercero de 1 Corintios, Pablo describe el «camino más excelente» (12.31): el de la caridad o el amor.

Digno de resaltar

- ¿Acaso está dividido Cristo? ¿Fue crucificado Pablo por vosotros? ¿O fuisteis bautizados en el nombre de Pablo? (1.13)
- Porque la palabra de la cruz es locura a los que se pierden; pero a los que se salvan, esto es, a nosotros, es poder de Dios. (1.18)
- Porque lo insensato de Dios es más sabio que los hombres, y lo débil de Dios es más fuerte que los hombres. (1.25)
- Pues me propuse no saber entre vosotros cosa alguna sino a Jesucristo, y a éste crucificado. (2.2)
- Porque nadie puede poner otro fundamento que el que está puesto, el cual es Jesucristo. (3.11)
- Pero mirad que esta libertad vuestra no venga a ser tropezadero para los débiles. (8.9)
- Si yo hablase lenguas humanas y angélicas, y no tengo amor, vengo a ser como metal que resuena, o címbalo que retiñe. (13.1)

Se comenta

La epístola a los Corintios presenta temas muy diferentes de los que trataba la que iba dirigida a los Romanos. En ella encontramos detalles morales y el orden interno de una asamblea, con respecto a lo cual el Espíritu de Dios manifiesta aquí su sabiduría de una forma directa.
John Darby

Por su aventajada ubicación para el comercio, los habitantes [de Corinto] abundaban en riquezas, y esto los llevó por una consecuencia más que natural al lujo, a la lascivia y a toda forma de vicio. Sin embargo, incluso aquí plantó san Pablo numerosas iglesias, principalmente de paganos conversos a quienes les escribió esta epístola desde Éfeso, alrededor de tres años después de haberse marchado de Corinto.
John Wesley

Refutando a los opositores que cuestionaban su apostolado, Pablo insiste en que es más que un apóstol original de Jesús. Por eso se pregunta en 1 Corintios 9.1: «¿No soy apóstol? ¿No soy libre? ¿No he visto a Jesús el Señor nuestro?».

APLICACIÓN

Los problemas de la iglesia no son nada nuevo, tampoco la manera de corregirlos. La pureza personal, la autodisciplina y el amor por los demás son vitales para el éxito de una congregación.

2 Corintios

Autor
El apóstol Pablo, con la asistencia de Timoteo (1.1).

Fecha
Hacia el 55–57 a.d., poco después de escribirse 1 Corintios.

En pocas palabras
Pablo defiende su ministerio en la conflictiva iglesia de Corinto.

Personajes
- *Dios:* Padre de toda compasión y Dios de consolación
- *Jesús:* el consumador de las promesas de Dios
- *Pablo:* no actúa según la sabiduría mundana, sino de acuerdo con la gracia de Dios
- *Timoteo:* figura con Pablo como remitente de la segunda carta a Corinto
- *Silas, Timoteo:* también predicaron el evangelio a los corintios
- *Tito:* regresó de una visita a Corinto espiritualmente renovado
- *falsos profetas:* le predican un Jesús diferente al pueblo
- *el gobernador de Damasco:* intenta arrestar a Pablo, pero fracasa

En el mapa
Es posible que Pablo haya escrito su segunda carta a los Corintios desde Filipos (cerca de la Filipos de la Grecia actual). Como alternativa, es posible que la escribiera en Tesalónica.

Vistazo general
Los creyentes de Corinto habían abordado, al parecer, algunos problemas que Pablo citó en la primera carta, aunque todavía había agitadores que cuestionaban su autoridad. Por eso se vio obligado a hablar con locura (11.21), jactándose de sus tribulaciones en el servicio a Jesús, «en trabajos más abundante; en azotes sin número; en cárceles más; en peligros de muerte muchas veces» (11.23). Pablo incluso sufrió un «aguijón en la carne» (12.7); Dios se negó a quitárselo y en su lugar le dijo: «Bástate mi gracia; porque mi poder se perfecciona en la debilidad» (12.9). En su despedida advirtió a los corintios: «Examinaos a vosotros mismos si estáis en la fe; probaos a vosotros mismos» (13.5).

DIGNO DE RESALTAR

- Al que no conoció pecado, por nosotros lo hizo pecado, para que nosotros fuésemos hechos justicia de Dios en él. (5.21)
- Nuestras cartas sois vosotros, escritas en nuestros corazones, conocidas y leídas por todos los hombres. (3.2)
- Esto tenga en cuenta tal persona, que así como somos en la palabra por cartas, estando ausentes, lo seremos también en hechos, estando presentes. (10.11)
- ... no que seamos competentes por nosotros mismos para pensar algo como de nosotros mismos, sino que nuestra competencia proviene de Dios, el cual asimismo nos hizo ministros competentes de un nuevo pacto, no de la letra, sino del espíritu; porque la letra mata, mas el espíritu vivifica. (3.5–6)
- Pero si alguno me ha causado tristeza, no me la ha causado a mí solo, sino en cierto modo (por no exagerar) a todos vosotros. (2.5)
- De modo que si alguno está en Cristo, nueva criatura es; las cosas viejas pasaron; he aquí todas son hechas nuevas. (5.17)

SE COMENTA

La segunda carta a la iglesia en Corinto es el complemento de la primera. Las circunstancias que la originan son las mismas que provocaron la primera, más los efectos que se produjeron en la iglesia de Corinto cuando recibieron la primera carta. También podemos estar agradecidos por los problemas que dieron lugar a estas dos cartas, no solo a causa del rico fondo de instrucción práctica que contienen, sino por la imagen que presentan de una iglesia gentil, compuesta por aquellos que hasta hacía poco habían sido paganos.
Barton W. Johnson

En esta epístola, escrita desde Macedonia, san Pablo manifiesta con bellas palabras su tierno afecto hacia los corintios, quienes se sintieron muy conmovidos por la oportuna severidad de la primera, y repite varias de las amonestaciones que ya les había dirigido. En aquella les había escrito en relación con los asuntos de los corintios; en esta escribe, principalmente, sobre sí mismo, pero de tal manera que todo cuanto menciona respecto a su vida va dirigido al provecho espiritual de ellos.
John Wesley

ÚNICO E INUSUAL

Pablo nunca señala cuál es su «aguijón en la carne», aunque algunos especulan que pudo haber sido un problema de la vista, las tentaciones e incluso su falta de atractivo físico.

APLICACIÓN

Los cristianos deben respetar la autoridad, ya sea en la iglesia, el hogar o la sociedad en general.

GÁLATAS

AUTOR
El apóstol Pablo (1.1).

FECHA
Quizás alrededor del 49 A.D., ya que fue una de las primeras cartas paulinas.

EN POCAS PALABRAS
Los cristianos son libres de las restrictivas leyes judías.

PERSONAJES
- *Dios:* resucita a Pablo de la muerte espiritual y le da una misión
- *Jesús:* el sacrificio por nuestros pecados; le revela su evangelio a Pablo
- *Pablo:* predicador del evangelio; apóstol de los gentiles
- *Pedro:* el primer apóstol al que Pablo visitó
- *Santiago, el hermano del Señor:* el segundo creyente con el que Pablo habló en Jerusalén
- *Tito, Bernabé:* acompañan a Pablo en su segunda visita a Jerusalén
- *Juan (con Pedro y Santiago):* pilares de la iglesia en Jerusalén

EN EL MAPA
Galacia era una región en lo que ahora es el norte de Turquía. Su capital llegó a ser Ankara, la capital de la Turquía moderna.

VISTAZO GENERAL
Al escribir a varias iglesias de la región, Pablo solo puede «maravillarse» (1.6) de que los cristianos gálatas se hayan alejado de su libertad en Jesús para volver a las normas del judaísmo. Algunos trataron de obligar a los cristianos a «vivir como lo hacen los judíos» (2.14), un error que hasta el apóstol Pedro hizo (2.11–13). Pablo afirmó tajantemente que «ninguno se justifica para con Dios … El justo por la fe vivirá» (3.11).

DIGNO DE RESALTAR
- Sabiendo que el hombre no es justificado por las obras de la ley, sino por la fe de Jesucristo, nosotros también hemos creído en Jesucristo, para ser justificados por la fe de Cristo y no por las obras de la ley, por cuanto por las obras de la ley nadie será justificado. (2.16)

- ... yo por la ley soy muerto para la ley, a fin de vivir para Dios. (2.19)
- Con Cristo estoy juntamente crucificado, y ya no vivo yo, mas vive Cristo en mí; y lo que ahora vivo en la carne, lo vivo en la fe del Hijo de Dios, el cual me amó y se entregó a sí mismo por mí. (2.20)
- ¡Oh gálatas insensatos! ¿Quién os fascinó? (3.1)
- Y si vosotros sois de Cristo, ciertamente linaje de Abraham sois, y herederos según la promesa. (3.29)
- Y por cuanto sois hijos, Dios envió a vuestros corazones el Espíritu de su Hijo, el cual clama: ¡Abba, Padre! Así que ya no eres esclavo, sino hijo; y si hijo, también heredero de Dios por medio de Cristo. (4.6–7)
- Mas el fruto del Espíritu es amor, gozo, paz, paciencia, benignidad, bondad, fe, mansedumbre, templanza; contra tales cosas no hay ley. (5.22–23)

SE COMENTA

San Pablo escribió esta epístola porque, tras su marcha de las iglesias gálatas, se infiltraron cristianos judaizantes que pervirtieron el evangelio de Pablo sobre la justificación gratuita por la fe en Cristo Jesús.
Martín Lutero

Los gálatas se habían dejado alejar del rumbo correcto por excesiva credulidad, o más bien por ligereza y necedad. [Pablo] los censura, por tanto, con mayor severidad; yo disiento de aquellos que atribuyen la dureza de su lenguaje a la lentitud de comprensión de ellos. Los efesios y los colosenses habían sido sometidos a las mismas tentaciones. Si estos hubieran prestado oído al cuento de los impostores, ¿imaginamos que Pablo los habría tratado con mayor delicadeza? La energía de su represión no era algo sugerido por la disposición de las personas, sino forzado por la vileza de su conducta.
Juan Calvino

ÚNICO E INUSUAL

Uno de los comentarios finales de Pablo, «Mirad con cuán grandes letras os escribo...» (6.11), hace que algunos crean que el problema de la vista era «el aguijón en la carne» del apóstol (2 Corintios 12.7).

APLICACIÓN

La vida del cristiano no la rige el Antiguo Testamento, sino el Espíritu de Dios: «Andad en el Espíritu, y no satisfagáis los deseos de la carne» (5.16).

Efesios

El apóstol Pablo (1.1).

Fecha
Alrededor del 62 A.D., hacia el final de la vida de Pablo.

En pocas palabras
Los cristianos son todos miembros del «cuerpo» de Cristo, la iglesia.

Personajes
- *Dios:* el Padre glorioso
- *Jesús:* Dios vivificó a los creyentes a través de él
- *Pablo:* prisionero de Jesucristo
- *los efesios:* deben ser imitadores de Dios
- *esposas:* deben someterse a sus maridos
- *maridos:* deben amar a sus mujeres como Cristo los ama a ellos
- *hijos:* deben honrar a sus padres
- *siervos:* deben respetar a sus señores terrenales
- *Tíquico:* el que lleva el mensaje a los efesios

En el mapa
Es posible que Pablo escribiese su epístola a los Efesios durante su encarcelamiento en Roma. Las ruinas de Éfeso permanecen cerca de la ciudad de Selcuk, en la provincia de Izmir, en Turquía.

Vistazo general
Pablo había fundado la iglesia en Éfeso (Hechos 19) y ahora explica en detalle a los miembros de la misma la relación que deben tener con Jesucristo, de modo que «crezcamos en todo en aquel que es la cabeza, esto es, Cristo» (4.15). A través de Jesús, Dios ha reconciliado a judíos y gentiles en sí mismo (2.11–18). Esta nueva vida debe dar lugar a una existencia honesta y pura en la iglesia y en el hogar (capítulos 4–6).

Digno de resaltar
- Porque por gracia sois salvos por medio de la fe; y esto no de vosotros, pues es don de Dios; no por obras, para que nadie se gloríe (2.8–9).

- Un cuerpo, y un Espíritu, como fuisteis también llamados en una misma esperanza de vuestra vocación; un Señor, una fe, un bautismo, un Dios y Padre de todos, el cual es sobre todos, y por todos, y en todos. (4.4–6)
- Pero a cada uno de nosotros fue dada la gracia conforme a la medida del don de Cristo. (4.7)
- Airaos, pero no pequéis; no se ponga el sol sobre vuestro enojo, ni deis lugar al diablo. (4.26–27)
- Porque en otro tiempo erais tinieblas, mas ahora sois luz en el Señor; andad como hijos de luz. (5.8)
- ... dando siempre gracias por todo al Dios y Padre, en el nombre de nuestro Señor Jesucristo. Someteos unos a otros en el temor de Dios. (5.20–21)
- Por esto dejará el hombre a su padre y a su madre, y se unirá a su mujer, y los dos serán una sola carne. (5.31)
- Por lo demás, hermanos míos, fortaleceos en el Señor, y en el poder de su fuerza. Vestíos de toda la armadura de Dios, para que podáis estar firmes contra las asechanzas del diablo. (6.10–11)

SE COMENTA

El propósito del apóstol es encomendarles a los efesios el ministerio por el cual Dios reina entre nosotros. Después, detalla el fruto de su predicación: una vida santa y todos los deberes de la piedad. Tampoco se conforma con la descripción de cómo deberían vivir los cristianos, sino que establece exhortaciones particulares adecuadas a las diversas relaciones de la sociedad.

Juan Calvino

La iglesia efesia podría decirse que la fundó Pablo. Casi al final de su segundo viaje misionero, se detuvo en Éfeso, de camino a Jerusalén, y predicó en la sinagoga judía. Dejó allí a Priscila y Aquila para que hicieran el seguimiento del impacto que él había causado, y siguió su camino; sin embargo, regresó en su tercer viaje misionero, y esa vez permaneció allí tres años predicando el evangelio con un éxito que amenazaba con provocar toda una revolución en la ciudad y en la provincia, y que finalmente provocó el temor avaricioso de ciertos gremios que se aprovechaban de las viejas supersticiones, hasta el punto de levantarse un tumulto que lo obligó a abandonar la ciudad.

Barton W. Johnson

ÚNICO E INUSUAL

Pablo les dice a los siervos (*esclavos*, en el lenguaje de hoy) que deben «obedecer a vuestros amos» (6.5). ¿Por qué? Porque Dios recompensará esa conducta (6.8).

APLICACIÓN

«En él [Jesús] también ustedes son edificados juntamente para ser morada de Dios por su Espíritu» (2.22, NVI).

Filipenses

Autor
El apóstol Pablo junto con Timoteo (1.1).

Fecha
Probablemente a principios de los 60 de la era cristiana.

En pocas palabras
«Una carta de amistad» entre el apóstol Pablo y una amada iglesia.

Personajes
- *Dios:* quien salvará a los creyentes en Cristo
- *Jesús:* quien se humilló por amor a nosotros
- *Pablo:* llamado para defender el evangelio
- *Timoteo:* Pablo lo ve como a un hijo; pronto visitará a los filipenses
- *hombres que hacen el mal:* Pablo advierte a los filipenses contra ellos
- *Evodia, Síntique:* mujeres que discuten entre ellas; Pablo desea que resuelvan su discrepancia a través de Jesús
- *Clemente:* un colaborador; su nombre está en el libro de la vida
- *los filipenses:* primeros seguidores europeos de Pablo

En el mapa
Filipenses se escribe en Roma durante el encarcelamiento de Pablo. La Filipos bíblica lleva abandonada mucho tiempo, pero sus ruinas están cerca de la actual Filipos en la Macedonia oriental y Tracia, en Grecia.

Vistazo general
Con dieciséis referencias al «gozo» y al «regocijo», Filipenses es una de las más optimistas misivas del apóstol Pablo, aun cuando la escribió «encadenado» (1.13). Pablo agradece a la iglesia de Filipos su apoyo (1.5) y anima a su gente: «Regocijaos en el Señor siempre. Otra vez digo: ¡Regocijaos!» (4.4).

Digno de resaltar
- Porque para mí el vivir es Cristo, y el morir es ganancia. (1.21)
- Para que seáis irreprensibles y sencillos, hijos de Dios sin mancha en medio de una generación maligna y perversa, en medio de la cual resplandecéis como luminares en el mundo. (2.15)
- Y toda lengua confiese que Jesucristo es el Señor... (2.11)

- Pero cuantas cosas eran para mí ganancia, las he estimado como pérdida por amor de Cristo. (3.7)
- Prosigo a la meta, al premio del supremo llamamiento de Dios en Cristo Jesús. (3.14)
- Regocijaos en el Señor siempre. Otra vez digo: ¡Regocijaos! (4.4)
- Por nada estéis afanosos, sino sean conocidas vuestras peticiones delante de Dios en toda oración y ruego, con acción de gracias. (4.6)
- Y la paz de Dios, que sobrepasa todo entendimiento, guardará vuestros corazones y vuestros pensamientos en Cristo Jesús. (4.7)
- Todo lo puedo en Cristo que me fortalece. (4.13)

Se comenta

Al parecer, Pablo sentía un especial cariño hacia la iglesia de Filipos, en cuyo establecimiento había participado él personalmente; y, aunque se preocupaba por todas las iglesias, esto hacía que sintiera un tierno afecto paternal particular por ella. Los consideraba hijos suyos y, habiéndolos engendrado por el evangelio, deseaba alimentarlos y cuidarlos por el mismo evangelio.
Matthew Henry

La carta a los santos de Filipos se diferencia en algunos aspectos de cualquier carta anterior del apóstol Pablo. Contiene menos lógica y más corazón. La carta a los Romanos está en la lógica más profunda; las cartas a los Corintios se escribieron para reprender ciertos pecados dominantes, y contiene, necesariamente, más o menos censura; la carta a los Gálatas reprende una herejía peligrosa; la de Efesios es una presentación sublime del misterio de Dios en relación con los gentiles; en esta carta, sin embargo, se derrama el amor del fundador de la iglesia filipense hacia una de las congregaciones más afectuosas, fieles y desinteresadas de todas las que él había establecido.
Barton W. Johnson

Único e inusual

Aunque la unidad es un tema común en las cartas de Pablo, señala a dos mujeres de Filipos, Evodia y Síntique, y les ruega «que sean de un mismo sentir en el Señor» (4.2).

Aplicación

Cuando vivimos en el gozo del Señor, «la paz de Dios ... guardará [nuestros] corazones y [nuestros] pensamientos en Cristo Jesús» (4.7).

Colosenses

Autor
El apóstol Pablo junto con Timoteo (1.1).

Fecha
Probablemente a principios del 60 A.D.

En pocas palabras
Jesucristo es supremo sobre todos y todas las cosas.

Personajes
- *Dios:* rescata a los cristianos del dominio de la oscuridad
- *Jesús:* trae redención y perdón de pecados
- *Pablo:* un apóstol de Jesucristo por la voluntad de Dios
- *Timoteo:* «nuestro hermano»; saluda a los colosenses junto con Pablo
- *Epafras:* llevó el evangelio a los colosenses
- *los colosenses:* deben vestirse de virtudes y cubrirse con amor
- *padres:* no deben exasperar a sus hijos
- *amos:* deben proveer para sus siervos como Dios ha provisto para ellos
- *Tíquico:* amado hermano y siervo fiel en el Señor
- *Onésimo:* amado hermano; visita a los colosenses con Tíquico
- *Aristarco:* compañero de prisión de Pablo
- *Jesús, también llamado Justo:* un cristiano judío: un gran consuelo para Pablo
- *Arquipo:* debe completar la obra que el Señor le ha encomendado

En el mapa
Pablo está, una vez más, encarcelado en Roma cuando escribe a los colosenses. Las ruinas de Colosas, o Colossae, yacen cerca de la actual ciudad turca de Honaz.

Vistazo general
Las falsas enseñanzas («palabras persuasivas», 2.4) se habían infiltrado en la iglesia de Colosas, haciendo que algunas personas agregaran elementos innecesarios e inútiles a su fe cristiana. Pablo envió esta carta para recordarles a los cristianos la superioridad de Jesús sobre las reglas y normas judías (2.16), los ángeles (2.18), y cualquier otra cosa. Jesús es «la imagen del Dios invisible, el primogénito de toda creación» (1.15).

- Por lo cual también nosotros, desde el día que lo oímos, no cesamos de orar por vosotros. (1.9)
- Él es la imagen del Dios invisible, el primogénito de toda creación. Porque en él fueron creadas todas las cosas, las que hay en los cielos y las que hay en la tierra, visibles e invisibles; sean tronos, sean dominios, sean principados, sean potestades; todo fue creado por medio de él y para él. (1.15–16)
- Porque aunque estoy ausente en cuerpo, no obstante en espíritu estoy con vosotros, gozándome y mirando vuestro buen orden y la firmeza de vuestra fe en Cristo. (2.5)
- Por tanto, de la manera que habéis recibido al Señor Jesucristo, andad en él. (2.6)
- Poned la mira en las cosas de arriba, no en las de la tierra. (3.2)

SE COMENTA

He elegido este texto [Colosenses] ... porque reúne en un breve espacio los tres nombres principales por los que se conocían a los primeros creyentes: «santos», que indica su relación con Dios, así como su carácter, pues significa «consagrados», apartados para Él y, por tanto, puros; «fieles», que significa «llenos de fe», y básicamente equivalente al habitual «creyentes», que define su relación con Jesucristo como Revelador de Dios; «hermanos», que define su relación y sentimiento hacia sus compañeros. A los miembros de la iglesia no les satisfacía el impreciso «cristianos», sino que se autodenominan «santos», «creyentes», «hermanos».
Alexander Maclaren

«A los santos que están en Colosas»; y fieles hermanos en Cristo. ¿De dónde sale la santidad de ustedes? Cuéntenme. ¿Por qué los llaman fieles? ¿No es porque han sido santificados a través de la muerte? ¿No es porque tienen fe en Cristo? ¿Por qué han sido llamados hermanos? No los han llamado fieles ni por actos, ni por palabras, ni por logro alguno de ustedes. Díganme, ¿de dónde se les han encomendado misterios tan extraordinarios? ¿No es a causa de Cristo?
Crisóstomo

ÚNICO E INUSUAL

Pablo menciona una carta a Laodicea (4.16), que al parecer no era como las Escrituras del Nuevo Testamento.

APLICACIÓN

«Mirad que nadie os engañe por medio de filosofías y huecas sutilezas, según las tradiciones de los hombres ... y no según Cristo» (2.8).

1 Tesalonicenses

Autor
El apóstol Pablo, junto con Silvano (Silas) y Timoteo (1.1).

Fecha
A principios de los 50 A.D., quizá antes de la primera carta de Pablo.

En pocas palabras
Jesús volverá para reunir a sus seguidores consigo.

Personajes
- *Dios:* enseña a su pueblo a amarse los unos a los otros
- *Jesús:* nos rescata de la ira venidera
- *Pablo:* trabaja día y noche para no ser una carga para los tesalonicenses
- *Silas:* envía saludos junto con Pablo y Timoteo
- *Timoteo:* enviado para animar y fortalecer en la fe a los tesalonicenses
- *los tesalonicenses:* el evangelio llegó a ellos no solo con palabras, sino con poder.

En el mapa
Pablo escribe sus cartas a los Tesalonicenses desde Corinto o Atenas. Tesalónica, donde vivieron los cristianos tesalonicenses, es hoy la segunda ciudad más grande de la Grecia actual.

Vistazo general
En esta carta enviada a otra de las iglesias que él ayudó a fundar (Hechos 17), Pablo enseña acerca de la Segunda Venida de Cristo, al parecer un tema que les preocupaba a los tesalonicenses. Pablo describe *cómo* volverá Jesús, pero no dice exactamente *cuándo*. Lo importante, según sus palabras, es «que vosotros andéis como es digno de Dios, que os llamó a su reino y gloria» (2.12).

Digno de resaltar
- Así como también sabéis de qué modo, como el padre a sus hijos, exhortábamos y consolábamos a cada uno de vosotros, y os encargábamos que anduvieseis como es digno de Dios, que os llamó a su reino y gloria. (2.11–12)
- Por lo cual también yo, no pudiendo soportar más, envié para

informarme de vuestra fe, no sea que os hubiese tentado el tentador, y que nuestro trabajo resultase en vano. (3.5)

- Y el Señor os haga crecer y abundar en amor unos para con otros y para con todos, como también lo hacemos nosotros para con vosotros. (3.12)
- Porque si creemos que Jesús murió y resucitó, así también traerá Dios con Jesús a los que durmieron en él. (4.14)
- Porque el Señor mismo con voz de mando, con voz de arcángel, y con trompeta de Dios, descenderá del cielo; y los muertos en Cristo resucitarán primero. (4.16)
- Luego nosotros los que vivimos, los que hayamos quedado, seremos arrebatados juntamente con ellos en las nubes para recibir al Señor en el aire, y así estaremos siempre con el Señor. (4.17)
- Estad siempre gozosos. Orad sin cesar. Dad gracias en todo, porque esta es la voluntad de Dios para con vosotros en Cristo Jesús. (5.16–18)

Se comenta

Como supongo que todos sabemos, esta epístola es la primera carta de Pablo. Había sido expulsado de Tesalónica por la multitud, sacó el mayor partido de su viaje a Atenas, permaneció allí muy poco tiempo y, a continuación, se dirigió a Corinto y escribió esta carta en algún momento de su prolongada estancia allí. Por tanto, en ella tenemos su primer intento, hasta donde sabemos, de predicar el evangelio por escrito. Resulta interesante observar cómo los cambios y desarrollos que pudieron producirse en él después de su fe tan reciente resplandecen en esta su primera carta, y cómo incluso en lo que respecta a las pequeñas cosas vemos el germen de gran parte de lo que vino después.
Alexander Maclaren

Escrita poco tiempo después de que se fundase la iglesia en Tesalónica, y como respuesta a las pruebas y las necesidades de una congregación joven, él sintió en su corazón el deseo de visitarla de nuevo, pero se vio estorbado; ellos ilustran la instrucción apostólica impartida a una iglesia recién organizada, compuesta por gentiles, que sufría bajo la persecución de los judíos y de los adversarios paganos. No son ajenos a las experiencias de Pablo mientras está entre ellos, y revela su profunda preocupación cuando se ve forzado a irse.
Barton W. Johnson

Único e inusual

La Primera Carta a los Tesalonicenses contiene dos de los versículos más cortos de la Biblia: «Estad siempre gozosos» (5.16) y «Orad sin cesar» (5.17).

Aplicación

A los tesalonicenses se les exhortó a vivir de manera correcta, esperando el regreso de Cristo. Han transcurrido dos mil años, ¿no crees que esta enseñanza sea más importante para nosotros hoy?

2 Tesalonicenses

Autor
El apóstol Pablo, junto con Silvano (Silas) y Timoteo (1.1).

Fecha
A comienzo de los 50 a.d., quizá la segunda carta más antigua de Pablo.

En pocas palabras
Los cristianos deben trabajar hasta que Jesús regrese.

Personajes
- *Dios:* llama a los seres humanos por medio del evangelio
- *Jesús:* derrocará el pecado del hombre
- *Pablo:* ora para que los tesalonicenses glorifiquen el nombre de Jesús
- *Silas:* envía saludos junto con Pablo y Timoteo
- *Timoteo:* enviado para animar y fortalecer la fe de los tesalonicenses
- *el hombre de pecado:* se levanta contra todo lo que pertenece a Dios
- *los tesalonicenses:* serán considerados dignos del Reino de Dios

En el mapa
Pablo escribe sus Cartas a los Tesalonicenses desde Corinto o Atenas. Tesalónica, donde vivieron los cristianos tesalonicenses, es hoy la segunda ciudad más grande de la Grecia actual.

Vistazo general
Poco después de escribir 1 Tesalonicenses, Pablo les hace un seguimiento. Al parecer, les había llegado una carta afirmando falsamente ser de él, eso había dejado a los tesalonicenses «turbados» (2.2) ante la idea de que Jesús ya había regresado. Pablo les asegura que el evento está aún en el futuro, e insta a todos a llevar vidas positivas y productivas hasta la Segunda Venida. «Si alguno no quiere trabajar», dijo Pablo informándoles a los que habían abandonado todo a la espera del regreso de Jesús, «tampoco coma» (3.10).

Digno de resaltar
- Tanto, que nosotros mismos nos gloriamos de vosotros en las iglesias de Dios, por vuestra paciencia y fe en todas vuestras persecuciones y tribulaciones que soportáis. (1.4)

- Y a vosotros que sois atribulados, daros reposo con nosotros, cuando se manifieste el Señor Jesús desde el cielo con los ángeles de su poder. (1.7)
- Nadie os engañe en ninguna manera; porque no vendrá sin que antes venga la apostasía, y se manifieste el hombre de pecado, el hijo de perdición. (2.3)
- Así que, hermanos, estad firmes, y retened la doctrina que habéis aprendido, sea por palabra, o por carta nuestra. (2.15)
- Por lo demás, hermanos, orad por nosotros, para que la palabra del Señor corra y sea glorificada, así como lo fue entre vosotros. (3.1)
- Y el Señor encamine vuestros corazones al amor de Dios, y a la paciencia de Cristo. (3.5)

Se comenta

Esta segunda epístola se escribió poco después de la anterior, y parece haberse redactado para evitar un error que podría surgir de algunos pasajes de la epístola anterior, relacionado con la Segunda Venida de Cristo, como si fuera absolutamente inminente. En esta epístola, el apóstol pone especial cuidado en impedir cualquier uso incorrecto que algunos de ellos están haciendo de aquellas expresiones suyas que concordaban con el lenguaje de los profetas del Antiguo Testamento, y les informa que quedaban aún muchos pasos intermedios que debían cumplirse antes de que llegara el día del Señor, aunque, como era algo cierto, él había aludido a ello como algo cercano.
Matthew Henry

El motivo [de esta epístola] es consolar y apoyar a los tesalonicenses que sufrían aflicciones y persecuciones y que las soportaban por amor al evangelio. Tiene también el fin de rectificar un error en el que habían incurrido, y que podría haber sido ocasionado por las palabras del apóstol en su primera epístola, respecto a la Segunda Venida de Cristo como si fuese inminente; esto podría conducirlos a descuidar sus asuntos mundanos y sus deberes de la vida civil, proporcionándoles así a los enemigos del evangelio una ventaja contra la totalidad del mismo, ya que, de no demostrar ser así, lo tomarían por falso. También exhorta a esta iglesia a fijarse en las personas que vivían desordenadamente, como los perezosos o los chismosos, a retirarse de ellos y apartarlos de su comunión no solo por resultarles gravosos a ellos, sino por dar pie a los que critican su fe.
John Gill

Único e inusual

El hecho de que Pablo dictara esta carta se desprende de su comentario: «La salutación es de mi propia mano, de Pablo … así escribo» (3.17).

Aplicación

Como en todo, en la vida cristiana, el equilibrio es clave: Siempre debemos esperar el regreso de Jesús, pero también hay que estar ocupado haciendo el bien mientras estemos aquí en la tierra.

1 Timoteo

Autor
El apóstol Pablo (1.1).

Fecha
Aproximadamente en el 63 A.D.

En pocas palabras
A los pastores se les enseña cómo dirigir sus vidas y las iglesias.

Personajes
- *Dios:* quiere que todo el mundo sea salvo
- *Jesús:* quien designó a Pablo y le da fuerzas
- *Pablo:* una vez blasfemo y el peor de los pecadores, recibió misericordia
- *Timoteo:* el verdadero hijo en la fe de Pablo; en esos momentos en Éfeso
- *Himeneo, Alejandro:* su fe ha naufragado y han sido entregados a Satanás
- *los ricos:* no deberían poner su fe en las riquezas de este mundo

En el mapa
Se cree que fueron escritas hacia el final de la vida de Pablo; las cartas a Timoteo se escribieron probablemente mientras Pablo estaba preso en Roma. Timoteo, el destinatario de las cartas, vivía y trabajaba en Éfeso en aquel tiempo.

Vistazo general
Como la primera de las tres «epístolas pastorales», 1 Timoteo contiene experimentadas reflexiones del apóstol Pablo para una nueva generación de líderes de la iglesia. Timoteo había trabajado a menudo junto a Pablo, pero ahora era pastor en Éfeso (1.3). Pablo le advierte en contra del legalismo y las falsas enseñanzas (capítulo 1), enumera los requisitos para los pastores y los diáconos (capítulo 3), y describe el comportamiento de un buen ministro «de Jesucristo» (4.6) en los últimos tres capítulos.

Digno de resaltar
- Pues el propósito de este mandamiento es el amor nacido de corazón limpio, y de buena conciencia, y de fe no fingida. (1.5)

- Palabra fiel y digna de ser recibida por todos: que Cristo Jesús vino al mundo para salvar a los pecadores, de los cuales yo soy el primero. (1.15)
- Porque esto es bueno y agradable delante de Dios nuestro Salvador, el cual quiere que todos los hombres sean salvos y vengan al conocimiento de la verdad. (2.3–4)
- Porque hay un solo Dios, y un solo mediador entre Dios y los hombres, Jesucristo hombre. (2.5)
- Palabra fiel: Si alguno anhela obispado, buena obra desea. (3.1)
- Porque raíz de todos los males es el amor al dinero, el cual codiciando algunos, se extraviaron de la fe, y fueron traspasados de muchos dolores. (6.10)
- Pelea la buena batalla de la fe, echa mano de la vida eterna, a la cual asimismo fuiste llamado, habiendo hecho la buena profesión delante de muchos testigos. (6.12)

Se comenta

El apóstol acaba de decir que dejó a Timoteo en Éfeso a fin de que comprobara algunas tendencias que le causaban preocupación. Habían aparecido ciertos maestros cuya actividad tenía como efecto crear partidos, fomentar especulaciones inútiles y apartar la mente de los cristianos efesios del lado práctico y moral del cristianismo. Contra esto, el apóstol establece aquí el principio general de que Dios no ha hablado para proporcionar mayor perspicacia a los teólogos ni proveer material para la controversia, sino para ayudarnos a amar.

Alexander Maclaren

Las epístolas a Timoteo y Tito tienen intrínsecamente una relación y un carácter peculiares, ya que van dirigidas a personas en quienes el apóstol delegó autoridad para que actuaran en su nombre, o para que cuidaran de las iglesias durante su ausencia. En cualquier caso, su aplicación no es menos directa para nosotros, pues no solo nos instruye con respecto al estado de la iglesia y al cuidado pastoral que el apóstol le confirió, sino que la línea de conducta que se le encarga a Timoteo para el desempeño de su liderazgo entre los fieles es la que dichos fieles deberían seguir siempre.

John Darby

Único e inusual

Esta carta habla sobre el pago justo para los pastores y obreros: «Los ancianos que gobiernan bien, sean tenidos por dignos de doble honor … Digno es el obrero de su salario» (5.17–18).

Aplicación

Aunque 1 Timoteo es una carta a un pastor, la enseñanza de Pablo, «para que si tardo, sepas cómo debes conducirte en la casa de Dios» (3.15), puede hablarnos al resto de nosotros, también.

2 Timoteo

Autor
El apóstol Pablo (1.1).

Fecha
Probablemente a mediados de los años 60 de la era cristiana.

En pocas palabras
Las últimas palabras del apóstol Pablo a un amado colaborador.

Personajes
- *Dios:* provee gracia, misericordia y paz
- *Jesús:* se le ve como comandante del soldado cristiano
- *Pablo:* sabía que la madre y la abuela de Timoteo habían sido mujeres firmes en la fe
- *Timoteo:* «querido hijo amado» de Pablo y pastor en Éfeso
- *Figelo, Hermógenes:* entre los que abandonaron a Pablo en Asia
- *Onesíforo:* firme ayudante en los momentos de dificultad de Pablo
- *Demas:* amó al mundo más que al Señor
- *Crescente, Tito, Tíquico, Erasto, Trófimo:* compañeros misioneros
- *Lucas:* con Pablo; su único apoyo
- *Marcos:* exdesertor del ministerio de Pablo; ahora Pablo lo requiere
- *Carpo:* guardián del capote y de los manuscritos de Pablo
- *Alejandro:* un herrero: se opuso firmemente al evangelio
- *Prisca, Aquila:* incondicionales de la iglesia en Éfeso
- *Eubulo, Pudente, Lino, Claudia:* entre los que envían saludos de Roma

En el mapa
Por lo general, se cree que las cartas a Timoteo se escribieron hacia el final de la vida de Pablo, estando este probablemente preso en Roma. Timoteo, el destinatario de las cartas, vivía y trabajaba en Éfeso en aquella época.

Vistazo general
Esta puede ser la última carta conocida de Pablo. Dirigida a «Timoteo, mi amado hijo querido» (1.2), el libro advierte al joven pastor contra las enseñanzas falsas y le insta a tener una vida de pureza en su congregación. Timoteo debía estar preparado para enfrentar los problemas

(«Todos los que quieren vivir piadosamente en Cristo Jesús, padecerán persecución», 3.12), pero Dios promete ser fiel («El Señor me librará de toda obra mala y me preservará para su reino celestial», 4.18). Pablo le pide a Timoteo que se una a él tan pronto como sea posible, ya que «el tiempo de mi partida está cercano» (4.6).

DIGNO DE RESALTAR

- Porque no nos ha dado Dios espíritu de cobardía, sino de poder, de amor y de dominio propio. (1.7)
- Tú, pues, sufre penalidades como buen soldado de Jesucristo. (2.3)
- Toda la Escritura es inspirada por Dios, y útil para enseñar, para redargüir, para corregir, para instruir en justicia, a fin de que el hombre de Dios sea perfecto, enteramente preparado para toda buena obra. (3.16–17)
- Que prediques la palabra; que instes a tiempo y fuera de tiempo; redarguye, reprende, exhorta con toda paciencia y doctrina. (4.2)
- He peleado la buena batalla, he acabado la carrera, he guardado la fe. (4.7)

SE COMENTA

Esta segunda epístola se la escribió Pablo a Timoteo desde Roma, estando prisionero allí con peligro de su vida; esto es evidente en las palabras: «Yo ya estoy para ser sacrificado, y el tiempo de mi partida está cercano». Al parecer, su partida de este mundo estaba, en su pensamiento, muy cercana, sobre todo considerando la rabia y el rencor de sus perseguidores; y que había sido llevado ante el emperador Nerón y «ninguno estuvo a [su] lado, sino que todos [lo] desampararon».
Matthew Henry

El propósito [de la epístola] es estimular a Timoteo al fiel y diligente desempeño de su deber como ministro del evangelio, a vivir constantemente siguiendo la verdad de este, y alentarlo a sufrir con paciencia, con gozo y con valor por causa de él; y advertirle contra los falsos maestros ... que ya habían surgido y que surgirían después, y serían seguidos por aquellos que tenían comezón de oír y no podían soportar la sana doctrina.
John Gill

Único e inusual

Pablo habla acerca del origen de las Escrituras en 2 Timoteo: «Toda la Escritura es inspirada por Dios» (3.16). La idea que expresa la palabra inspiración es «exhalado».

Aplicación

Todos debemos vivir de tal manera que podamos decir, como Pablo: «He peleado la buena batalla, he acabado la carrera, he guardado la fe» (4.7).

Tito

El apóstol Pablo (1.1).

Fecha
Aproximadamente en el año 63 de la era cristiana.

En pocas palabras
A los líderes de la iglesia se les instruye y enseña sobre sus vidas.

Personajes
- *Dios:* quien provee gracia, misericordia y paz
- *Jesús:* la esperanza de vida eterna descansa en él
- *Pablo:* su obra en Creta quedó sin acabar, de modo que se la encomendó a Tito
- *Tito:* converso gentil; supervisa la iglesia de Creta
- *los ancianos:* intachables, hombres pacientes, no dados a la bebida, deben ser nombrados por Tito
- *el profeta cretense:* tenía poco bueno que decir sobre su propio pueblo
- *los hombres más mayores:* deben ser templados, respetuosos, fiables en la fe, el amor y la perseverancia
- *las mujeres más mayores:* deben ser reverentes y enseñar a las mujeres más jóvenes lo que es bueno
- *las mujeres jóvenes:* deben amar a su familia, tener dominio propio y ser puras
- *los hombres jóvenes:* Tito debe ser su ejemplo de todo lo que es bueno
- *Artemas, Tíquico:* Pablo los enviará pronto a Creta

En el mapa
Es probable que el apóstol Pablo escribiera la carta a Tito poco antes de su muerte en Roma. La epístola va dirigida a Tito, en Creta. La tradición afirma que la iglesia de Creta estaba situada en Gortín, lo que hoy es Gortina.

Vistazo general
Pablo dejó a Tito en la isla mediterránea de Creta para «para que corrigieses lo deficiente, y establecieses ancianos» (1.5) en la iglesia naciente. Conocido por su mal comportamiento (véase sección

«Único e inusual», más adelante), el pueblo de Creta necesitaba líderes en la iglesia apegados a la «palabra fiel, tal como ha sido enseñada, para que también pueda exhortar con sana enseñanza y convencer a los que contradicen» (1.9).

Digno de resaltar

- Todas las cosas son puras para los puros, mas para los corrompidos e incrédulos nada les es puro; pues hasta su mente y su conciencia están corrompidas. (1.15)
- Pero tú habla lo que está de acuerdo con la sana doctrina (2.1).
- Porque la gracia de Dios se ha manifestado para salvación a todos los hombres, enseñándonos que, renunciando a la impiedad y a los deseos mundanos, vivamos en este siglo, sobria, justa y piadosamente. (2.11–12)
- Porque nosotros también éramos en otro tiempo insensatos, rebeldes, extraviados, esclavos de concupiscencias y deleites diversos, viviendo en malicia y envidia, aborrecibles, y aborreciéndonos unos a otros. (3.3)
- Nos salvó, no por obras de justicia que nosotros hubiéramos hecho, sino por su misericordia, por el lavamiento de la regeneración y por la renovación en el Espíritu Santo. (3.5)
- Para que justificados por su gracia, viniésemos a ser herederos conforme a la esperanza de la vida eterna. (3.7)

Se comenta

Leemos mucho sobre este Tito, sus títulos, su carácter y su eficacia, en muchos lugares: era griego. Pablo lo llama *hijo, hermano, compañero y colaborador, alguien que caminaba en el mismo espíritu y en los mismos pasos que él.* Fue con los apóstoles a la iglesia de Jerusalén, estaba muy familiarizado con Corinto, por cuya iglesia sentía una ferviente preocupación.
Matthew Henry

Veremos que el apóstol no tiene la misma confiada intimidad con Tito que con Timoteo. No le abre su corazón del mismo modo. Tito es un siervo amado y fiel de Dios, y también hijo en la fe del apóstol; sin embargo, Pablo no le abre su corazón del mismo modo —no le comunica sus angustias, sus quejas—, no derrama su alma con él, como lo hizo con Timoteo.
John Darby

ÚNICO E INUSUAL

Pablo cita a un filósofo de Creta en esta carta: «Uno de ellos, su propio profeta, dijo: Los cretenses, siempre mentirosos, malas bestias, glotones ociosos» (1.12). La cita es de Epiménides, del siglo VI A.C.

APLICACIÓN

Los líderes eclesiásticos conservaron un alto nivel por amor a las personas de la iglesia en general. Lo que es bueno para el pastor es bueno para todos los demás.

Filemón

Autor
El apóstol Pablo (1.1).

Fecha
Probablemente alrededor del 63 a.d., cuando Pablo estaba preso en Roma.

En pocas palabras
Pablo pide clemencia para un esclavo fugitivo convertido al cristianismo.

Personajes
- *Dios:* nuestro Padre
- *Jesús:* de Él recibimos todo lo bueno
- *Pablo:* prisionero de Jesús
- *Timoteo:* también envía sus saludos a Filemón
- *Filemón:* alberga una iglesia en su casa, y es muy respetado entre las personas que Pablo conoce
- *Onésimo:* esclavo que se escapó; se convierte en hermano en la fe de Pablo, mientras el apóstol estaba encarcelado
- *Epafras:* compañero de prisión en Jesús
- *Marcos, Aristarco, Demas, Lucas:* colaboradores de Pablo

En el mapa
Pablo, que escribe desde la prisión de Roma, se dirige a Filemón, líder de la iglesia en Colosas, cerca de Honaz en la Turquía actual.

Vistazo general
Filemón es un «colaborador» (1.1) de Pablo, un hombre que ha «confortado» (1.7) a otros cristianos con su amor y generosidad. Pero el apóstol escribe con la más profunda petición a Filemón de que perdone y recupere a un esclavo fugitivo, que al parecer aceptó a Cristo por la enseñanza de Pablo: «Mi hijo Onésimo, a quien engendré en mis prisiones» (1.10). «Así que, si me tienes por compañero» (1.17), le escribió Pablo a Filemón, «recíbele como a mí mismo».

Digno de resaltar
- Doy gracias a mi Dios, haciendo siempre memoria de ti en mis oraciones, porque oigo del amor y de la fe que tienes hacia el Señor Jesús,

y para con todos los santos. (1.4–5)

- Para que la participación de tu fe sea eficaz en el conocimiento de todo el bien que está en vosotros por Cristo Jesús. (6)
- El cual en otro tiempo te fue inútil, pero ahora a ti y a mí nos es útil. (11)
- Pero nada quise hacer sin tu consentimiento, para que tu favor no fuese como de necesidad, sino voluntario. (14)
- Porque quizá para esto se apartó de ti por algún tiempo, para que le recibieses para siempre; no ya como esclavo, sino como más que esclavo, como hermano amado, mayormente para mí, pero cuánto más para ti, tanto en la carne como en el Señor. (15–16)
- Y si en algo te dañó, o te debe, ponlo a mi cuenta. (18)
- Sí, hermano, tenga yo algún provecho de ti en el Señor; conforta mi corazón en el Señor. (20)

SE COMENTA

Nosotros, como Onésimo, nos rebelamos del servicio a Dios y perjudicamos sus derechos. Jesucristo nos encuentra y, por su gracia, obra un cambio en nosotros, y después intercede por nosotros ante el Padre, para que podamos ser recibidos de nuevo en su favor y en su familia, y que las ofensas pasadas puedan ser olvidadas; estamos seguros de que *el Padre le oye siempre*. No hay razón para dudar, pero Pablo convence a Filemón de perdonar y recibir a Onésimo; más razones tenemos nosotros para confiar en que la intercesión de Cristo ante el Padre prevalece para la aceptación de todos aquellos cuyo caso Él asume y defiende ante Dios.
Matthew Henry

Pablo (siguiendo su costumbre) reconoce todo lo bueno que había en Filemón y lo usa para motivar al propio Filemón para que dejara fluir los sentimientos de gracia libremente, a pesar de todo lo que el regreso de Onésimo pudiera provocar en la carne o de cualquier disgusto que Satanás pudiera reavivar en él. El apóstol quería que lo que deseaba para Onésimo resultara de la iniciativa de Filemón. La liberación de su antiguo esclavo, o incluso su amable acogida como a un hermano, habría sido algo muy distinto si hubiera sido motivada por la imposición del apóstol, porque estaban en juego el afecto y los lazos de amor cristianos.
John Darby

Único e inusual

Filemón es la más breve de las cartas de Pablo en la Biblia, con solo un capítulo y veinticinco versículos.

Aplicación

Los cristianos están llamados a perdonar, y aquí hay un ejemplo práctico a tener en cuenta. Con la ayuda de Dios, ¿te librarás de tus rencores?

Hebreos

No se indica, aunque han sido sugeridos: Pablo, Lucas, Bernabé y Apolos.

Fecha
Probablemente en algún momento antes del 70 A.D., ya que Hebreos se refiere a los sacrificios del templo de Jerusalén y este fue destruido por los romanos en el año 70.

En pocas palabras
Jesús es mejor que cualquier persona o sacrificio del Antiguo Testamento.

Personajes
- *Dios:* quien había hablado antes por medio de los profetas, habla ahora por medio de Cristo
- *Jesús:* por medio de quien se creó el universo
- *El autor anónimo:* envía su carta de amor y enseñanza a los cristianos judíos
- *ángeles:* siervos de Dios; inferiores a Jesús
- *Timoteo:* recién liberado, y quizás pueda visitar pronto a los hebreos

En el mapa
Se desconoce dónde se escribió la carta a los Hebreos ni a dónde fue enviada. El autor se refiere a «los de Italia», que envían saludos. Por tanto, es posible que se escribiera en Italia, o tal vez sencillamente había italianos presentes en el momento de su redacción.

Vistazo general
Escrito a los cristianos judíos (de ahí el nombre de «Hebreos»), esta larga carta hace hincapié en la superioridad del cristianismo sobre el judaísmo del Antiguo Testamento. Jesús es «mucho mejor» (1.4) que los ángeles, Moisés y los sacrificios de animales. «Porque si la sangre de los toros y de los machos cabríos, y las cenizas de la becerra rociadas a los inmundos, santifican para la purificación de la carne», Hebreos pregunta: «¿cuánto más la sangre de Cristo, el cual mediante el Espíritu eterno se ofreció a sí mismo sin mancha a Dios, limpiará vuestras conciencias de obras

muertas para que sirváis al Dios vivo? (9.13–14) A algunos cristianos judíos, que aparentemente tambalearon en su compromiso con Jesús, se les recuerda que Cristo «es mediador de un mejor pacto, establecido sobre mejores promesas» (8.6) una vez y para siempre el sacrificio en la cruz, nos proporciona «eterna redención» (9.12).

DIGNO DE RESALTAR

- ¿Cómo escaparemos nosotros, si descuidamos una salvación tan grande? (2.3)
- Por tanto, queda un reposo para el pueblo de Dios. (4.9)
- Y de la manera que está establecido para los hombres que mueran una sola vez, y después de esto el juicio. (9.27)
- No dejando de congregarnos, como algunos tienen por costumbre; sino exhortándonos; y tanto más, cuanto veis que aquel día se acerca. (10.25)
- Es, pues, la fe la certeza de lo que se espera, la convicción de lo que no se ve. (11.1)
- Por tanto, nosotros también, teniendo en derredor nuestro tan grande nube de testigos, despojémonos de todo peso y del pecado que nos asedia, y corramos con paciencia la carrera que tenemos por delante, puestos los ojos en Jesús, el autor y consumador de la fe. (12.1–2)
- Permanezca el amor fraternal. (13.1)

SE COMENTA

El gran objeto de esta epístola consiste en demostrarnos que, si queremos seguir al Señor plenamente, y entregarnos por completo a lo que Dios está preparado para hacer en Cristo, en el evangelio y en Cristo hallaremos todo lo necesario para una vida de gozo, de fuerza y de victoria final.
Andrew Murray

[Hebreos] difiere un poco en estilo de cualquier otra porción del Nuevo Testamento. Algunos han ... sostenido que fue escrita por Bernabé, Apolo, Lucas y hasta se ha mencionado a Clemente de Roma como su autor. En la antigua iglesia de Oriente había consenso a favor de la autoría de Pablo, mientras que la de Occidente aseveraba que pertenecía a algún otro escritor, aunque en los tiempos modernos la iglesia latina ha decidido la cuestión por el peso de la infalibilidad a favor del apóstol de los gentiles. Lutero y Calvino sostenían que no era paulina, y muchos expertos modernos han seguido este criterio.
Barton W. Johnson

ÚNICO E INUSUAL

Hebreos es una de solamente dos cartas del Nuevo Testamento (la otra es 1 Juan) que no incluye ninguna felicitación o mención de su autor.

APLICACIÓN

«Así que, hermanos, teniendo libertad para entrar en el Lugar Santísimo por la sangre de Jesucristo, acerquémonos con corazón sincero, en plena certidumbre de fe, purificados los corazones de mala conciencia, y lavados los cuerpos con agua pura» (10.19, 22).

Santiago

Autor
Santiago (1.1), quizás hermano de Jesús (ver Mateo 13.55, Marcos 6.3).

Fecha
Aproximadamente en el 60 A.D.

En pocas palabras
La fe cristiana real se muestra con buenas obras.

Personajes
- *Dios:* no es tentado ni tienta a nadie
- *Jesús:* nuestro glorioso Señor; quizás hermano terrenal del escritor
- *Santiago:* siervo de Dios y de Jesucristo
- *el que duda:* es como una ola del mar
- *el que persevera bajo la prueba:* recibirá la corona de la vida
- *el hermano en necesidad:* buenas palabras e intenciones no bastarán
- *los amigos del mundo:* enemigos de Dios

En el mapa
Santiago, el hermanastro de Jesús, llegó a ser obispo de Jerusalén; por tanto, esta carta podría haberse originado allí. La intención era que circulara ampliamente entre los creyentes dispersos.

Vistazo general
Aunque Pablo enseñó claramente que la salvación es por fe y no por obras (Romanos 3.28), Santiago aclara que las buenas obras *seguirán* a la fe verdadera: «Hermanos míos, ¿de qué aprovechará si alguno dice que tiene fe, y no tiene obras?» (2.14) Santiago anima a los cristianos, en la vida cotidiana, para ver las pruebas como oportunidades para el crecimiento espiritual, para controlar la lengua, hacer la paz, para evitar favoritismos y para ayudar a los necesitados. El resultado final: «... y al que sabe hacer lo bueno, y no lo hace, le es pecado» (4.17).

Digno de resaltar
- Hermanos míos, tened por sumo gozo cuando os halléis en diversas pruebas. (1.2)
- ... todo hombre sea pronto para oír, tardo para hablar, tardo para airarse;

porque la ira del hombre no obra la justicia de Dios. (1.19–20)
- Así también la fe, si no tiene obras, es muerta en sí misma. (2.17)
- Tú crees que Dios es uno; bien haces. También los demonios creen, y tiemblan. (2.19)
- Así también la lengua es un miembro pequeño, pero se jacta de grandes cosas. He aquí, ¡cuán grande bosque enciende un pequeño fuego. (3.5)
- ... pero ningún hombre puede domar la lengua, que es un mal que no puede ser refrenado, llena de veneno mortal. (3.8)
- Acercaos a Dios, y él se acercará a vosotros. (4.8)
- Humillaos delante del Señor, y él os exaltará. (4.10)

SE COMENTA

Desde muy pronto, esta epístola se puso como primera de las siete que han recibido el nombre de «generales», por el hecho de no que no iban dirigidas a nadie en concreto como las de Pablo, que eran en su mayor parte para iglesias o individuos, sino a las iglesias en general. Las destinatarias de esta son «las doce tribus de la dispersión», una dedicatoria que demuestra que se escribió para instruir a los judíos cristianos dispersados en el extranjero, entre los países gentiles. Era especialmente adecuado que el hombre al que se muestra en los Hechos de los Apóstoles y en la Carta a los Gálatas como la más alta influencia en las iglesias de Judea mostrara su profundo interés por los cristianos de raza hebrea, dirigiéndoles esta carta a las multitudes de parientes que tenían sus hogares en tierras extranjeras.
Barton W. Johnson

Aunque esta epístola de Santiago fue rechazada por los antiguos, yo la elogio y la considero un buen libro, porque no establece doctrinas de hombres, sino que promulga enérgicamente la ley de Dios. Sin embargo, por declarar mi propia opinión al respecto, aunque sin prejuicio contra nadie, no la considero el escrito de un apóstol.
Martín Lutero

ÚNICO E INUSUAL

Santiago les dice a los que piensan que basta con creer en Dios: «También los demonios creen, y tiemblan» (2.19). La clave está en la fe transformadora en Jesús.

APLICACIÓN

¿Quieres practicar la sabiduría para vivir la vida cristiana? Lo encontrarás todo a través del libro de Santiago.

1 Pedro

Autor
El apóstol Pedro (1.1), con la ayuda de Silvano (5.12).

Fecha
Aproximadamente en el 65 A.D.

En pocas palabras
Sufrir por la causa de Jesús es noble y bueno.

Personajes
- *Dios:* por medio de su poder, los que están en la fe están protegidos.
- *Jesús:* una nueva esperanza para la humanidad, por medio de la misericordia de Dios
- *Pedro:* apóstol de Jesús; el primer hombre en proclamar a Jesús como Mesías
- *Los que están bajo autoridad:* deben someterse en humildad, sabiendo que es temporal
- *esposas:* deben someterse a sus maridos e influir en los incrédulos con su pureza
- *maridos:* deben respetar a sus esposas como coherederas del don de la vida
- *paganos:* se burlan de los creyentes, pero estos responden ante un Juez superior
- *los ancianos:* deben ser pastores del rebaño de Dios
- *Silvano (también conocido como Silas):* ayudó a Pedro a escribir su carta a los fieles
- *Marcos:* se le describe como hijo de Pedro

En el mapa
Pedro dirigió su carta a «los elegidos de Dios» en «el Ponto, Galacia, Capadocia, Asia y Bitinia». «Asia» podría haber sido Asia Menor, la actual Anatolia, en Turquía. Todos los demás lugares mencionados están en Turquía, ya sea en la costa del mar Negro o en las montañas de su lado sur.

Vistazo general
En la medida en que crece la iglesia primitiva, el Imperio romano comienza a perseguir a los cristianos, por lo que Pedro les asegura que

Dios todavía tiene el control: «Amados, no os sorprendáis del fuego de prueba que os ha sobrevenido, como si alguna cosa extraña os aconteciese» (4.12). ¿Cuál es la respuesta adecuada a tal sufrimiento? «Gozaos por cuanto sois participantes de los padecimientos de Cristo, para que también en la revelación de su gloria os gocéis con gran alegría» (4.13).

DIGNO DE RESALTAR

- Bendito el Dios y Padre de nuestro Señor Jesucristo, que según su grande misericordia nos hizo renacer para una esperanza viva, por la resurrección de Jesucristo de los muertos. (1.3)
- Mas vosotros sois linaje escogido, real sacerdocio, nación santa, pueblo adquirido por Dios, para que anunciéis las virtudes de aquel que os llamó de las tinieblas a su luz admirable. (2.9)
- Quien llevó él mismo nuestros pecados en su cuerpo sobre el madero, para que nosotros, estando muertos a los pecados, vivamos a la justicia; y por cuya herida fuisteis sanados. (2.24)
- Sed sobrios, y velad; porque vuestro adversario el diablo, como león rugiente, anda alrededor buscando a quien devorar. (5.8)

SE COMENTA

Basándonos en las Escrituras, podemos estar seguros de que Simón Pedro era uno de los primeros a los que nuestro Señor llamó para ser sus discípulos y seguidores, que era una persona de excelentes talentos, tanto naturales como por gracia, con un papel importante y una gran elocuencia, pronto para entender y valeroso para ejecutar aquello que sabía que era su deber. Cuando nuestro Salvador llamó a sus apóstoles y les dio su comisión, lo nombró el primero de la lista; y, por su conducta hacia Él, parece haberlo distinguido como favorito especial entre los doce.
Matthew Henry

La primera epístola tiene su fundamento en la doctrina del llamamiento celestial ... en contraste con la heredad de los judíos en la tierra. Presenta a los cristianos, y en particular a los cristianos entre los judíos, como peregrinos y extranjeros en la tierra. Se desarrolla más ampliamente la conducta que deben seguir que la doctrina. El Señor Jesús, que también fue peregrino y extranjero aquí, se presenta como modelo en más de un aspecto.
John Darby

Único e inusual

Pedro aclara con exactitud cuántas personas salieron del arca de Noé después del diluvio: ocho (3.20). Génesis indica que «Noé … y sus hijos, y su esposa, y las mujeres de sus hijos» (Génesis 7.7) fueron en el arca, pero no dice si alguno de sus hijos pudo haber tenido varias esposas.

Aplicación

La vida puede ser difícil, pero Dios siempre es bueno. Y para los cristianos, hay un día mejor más adelante.

2 Pedro

Autor
El apóstol Pedro (1.1).

Fecha
Tal vez a finales de los 60 A.D., un poco antes de la ejecución de Pedro.

En pocas palabras
Cuidado con los falsos maestros dentro de la iglesia.

Personajes
- *Dios:* su promesa capacita a la humanidad para participar de la naturaleza divina
- *Jesús:* quiere acogernos en su reino eterno
- *Pedro:* se presenta como Simón Pedro, siervo y apóstol de Jesús
- *los falsos profetas:* sus enseñanzas sembrarán las semillas de su destrucción
- *los burladores:* olvidan deliberadamente lo que los fieles saben
- *los creyentes:* deben asegurarse de que el Señor los halle en paz con Él

En el mapa
La segunda epístola de Pedro podría haber sido para los mismos lectores que la primera —los de Asia Menor— o tal vez simplemente estaba destinada a su lectura generalizada. En el momento de escribir estas epístolas, Pedro podría haber sido obispo de Roma o de Antioquía.

Vistazo general
Las cualidades cristianas como la fe, la virtud, el conocimiento, el dominio propio, la paciencia, la piedad y el amor (1.5–8), junto con una confianza en las Escrituras (1.19–21), ayudarán a los creyentes a evitar las falsas enseñanzas de los que «en secreto introducirán encubiertamente herejías destructoras, y aun negarán al Señor que los rescató» (2.1).

Digno de resaltar
- Como todas las cosas que pertenecen a la vida y a la piedad nos han sido dadas por su divino poder, mediante el conocimiento de aquel que nos llamó por su gloria y excelencia. (1.3)

- Por medio de las cuales nos ha dado preciosas y grandísimas promesas, para que por ellas llegaseis a ser participantes de la naturaleza divina, habiendo huido de la corrupción que hay en el mundo a causa de la concupiscencia. (1.4)
- Porque no os hemos dado a conocer el poder y la venida de nuestro Señor Jesucristo siguiendo fábulas artificiosas, sino como habiendo visto con nuestros propios ojos su majestad. (1.16)
- Sabe el Señor librar de tentación a los piadosos, y reservar a los injustos para ser castigados en el día del juicio. (2.9)
- El Señor no retarda su promesa, según algunos la tienen por tardanza, sino que es paciente para con nosotros, no queriendo que ninguno perezca, sino que todos procedan al arrepentimiento. (3.9)
- Puesto que todas estas cosas han de ser deshechas, ¡cómo no debéis vosotros andar en santa y piadosa manera de vivir. (3.11)
- Pero nosotros esperamos, según sus promesas, cielos nuevos y tierra nueva, en los cuales mora la justicia. (3.13)

SE COMENTA

La epístola amonesta a los mismos cristianos a quienes se escribió la primera, y se les señalan los rasgos característicos de esos falsos maestros; los denuncia con la máxima energía; explica la paciencia de Dios y anuncia un juicio que, como su paciencia, encaja con la majestad de Aquel que debía ejecutarlo. Sin embargo, antes de impartir estas advertencias ... el apóstol exhorta a los cristianos a asegurarse de su propio llamado y de su elección, evidentemente no en el corazón de Dios, sino como un hecho en sus propios corazones, y en la vida práctica, al caminar de tal manera que no tropiecen; para que el testimonio de su herencia en Cristo sea siempre evidente.
John Darby

Aunque entre los antiguos existía duda respecto a la autoridad de esta epístola ... no prevaleció entre las iglesias ni estorbó a su diligente lectura y uso, junto con las demás Escrituras. La única razón de la duda sobre la autenticidad de esta epístola, y sobre la autoría del apóstol Pedro, es la diferencia de estilo con la anterior; sin embargo, el Espíritu Santo, quien dictó los escritos sagrados, no se limita al estilo natural del hombre, sino que pudo variarlo a su gusto.
John Gill

Único e inusual

Pedro escribió esta carta consciente de que su muerte estaba cerca: «Sabiendo que en breve debo abandonar el cuerpo, como nuestro Señor Jesucristo me ha declarado» (1.14).

Aplicación

Así que vosotros, oh amados, sabiéndolo de antemano, guardaos, no sea que arrastrados por el error de los inicuos, caigáis de vuestra firmeza (3.17).

1 Juan

Autor
No se indica, pero, según la tradición de la iglesia, fue el apóstol Juan.

Fecha
Aproximadamente en el 92 a.d.

En pocas palabras
Jesús fue hombre de verdad tal como es verdadero Dios.

Personajes
- *Dios:* la luz en la que debemos esforzarnos por caminar
- *Jesús:* el Verbo de vida
- *Juan:* discípulo de Jesús; muchos creían que él era el autor anónimo; se mantiene enfocado en Jesús
- *el que practica el pecado:* enamorado del mundo
- *anticristos:* hay muchos en el mundo; niegan que Jesús es el Mesías
- *aquellos que aman:* son nacidos de Dios
- *aquellos que no aman:* no conocen a Dios

En el mapa
Juan escribe esta carta de aliento desde la ciudad de Éfeso, en Turquía.

Vistazo general
Primera de Juan aborda una extraña herejía que afirmaba que Jesús había venido solo en espíritu, no en carne: «y todo espíritu que no confiesa que Jesucristo ha venido en carne, no es de Dios; y este es el espíritu del anticristo» (4.3). Juan escribió que él conoció personalmente a Jesús, al que «hemos contemplado, y palparon nuestras manos» (1.1), y ese conocimiento conduce a una fe salvífica en Jesús. La fe salvífica lleva a la obediencia, pero, incluso cuando pecamos, sabemos que Dios «es fiel y justo para perdonar nuestros pecados» si lo confesamos (1.).

Digno de resaltar
- Este es el mensaje que hemos oído de él, y os anunciamos: Dios es luz, y no hay ningunas tinieblas en él. (1.5)
- Si confesamos nuestros pecados, él es fiel y justo para perdonar nuestros pecados, y limpiarnos de toda maldad. (1.9)

- Hijitos, nadie os engañe; el que hace justicia es justo, como él es justo. (3.7)
- Hijitos, vosotros sois de Dios, y los habéis vencido; porque mayor es el que está en vosotros, que el que está en el mundo. (4.4)
- Amados, amémonos unos a otros; porque el amor es de Dios … Dios es amor. (4.7–8)
- En el amor no hay temor, sino que el perfecto amor echa fuera el temor... Nosotros le amamos a él, porque él nos amó primero. (4.18–19)
- Porque tres son los que dan testimonio en el cielo: el Padre, el Verbo y el Espíritu Santo; y estos tres son uno. (5.7)
- Estas cosas os he escrito a vosotros que creéis en el nombre del Hijo de Dios, para que sepáis que tenéis vida eterna, y para que creáis en el nombre del Hijo de Dios. (5.13)
- Sabemos que todo aquel que ha nacido de Dios, no practica el pecado, pues Aquel que fue engendrado por Dios le guarda, y el maligno no le toca. (5.18)

Se comenta

Esta epístola también exhorta a todos los que profesan conocer a Dios a que tengan comunión con Él, a que crean en Él, a que anden en santidad y no en pecado, y a que demuestren que la mera profesión externa no es nada sin pruebas de una vida y una conducta sanas. También ayuda a los verdaderos cristianos a seguir adelante y los anima a tener comunión con Dios y con el Señor Jesucristo, a ser constantes en la fe verdadera y a una vida de pureza.
Matthew Henry

La epístola de Juan tiene un carácter peculiar. Es la vida eterna manifestada en Jesús e impartida a nosotros, la vida que estaba con el Padre, y que está en el Hijo. Es en esa vida donde los creyentes disfrutan de la comunión del Padre, donde están en relación con Él mediante el Espíritu de adopción, y donde tienen comunión con el Padre y el Hijo. El propio carácter de Dios es el que lo prueba; porque procede de Él mismo.
John Darby

Único e inusual

Esta epístola no incluye ninguna de las características habituales de las cartas de la Biblia: saludos, identificación del autor, etc. Pero es muy cálida y compasiva.

«Estas cosas os he escrito … *Para que sepáis que tenéis vida eterna*» (5.13, énfasis añadido).

2 Juan

Autor
El apóstol Juan, según la tradición de la iglesia. El autor se identifica solo como «el anciano» (1).

Fecha
Aproximadamente en el 92 A.D.

En pocas palabras
Cuidado con los falsos maestros que niegan la vida física de Jesús en la tierra.

Personajes
- *Dios:* otorga gracia, misericordia y paz
- *Jesús:* con nosotros en verdad y amor
- *Juan:* discípulo de Jesús; muchos creen que es el autor anónimo
- *la señora elegida y sus hijos:* están en la verdad y son amados por todos los creyentes
- *los engañadores:* anticristos; no creían que Jesús vino en carne y sangre
- *los hijos de la hermana elegida:* miembros quizás de la iglesia desde donde Juan escribe

En el mapa
No se menciona lugar alguno en 2 Juan. Se da por sentado que también se escribió en Éfeso.

Vistazo general
Dirigido a «la señora elegida y a sus hijos» (1.1), tal vez una familia real o, en sentido figurado, una iglesia, esta carta aborda la idea herética de que Jesús no había estado físicamente presente en la tierra. La misiva puede ser una reacción a los gnósticos, que enseñaban que Jesús fue solo espíritu y que apareció solo para sufrir y morir en la cruz. Esta enseñanza, acerca de «el engañador y el anticristo» (7), se debe evitar a toda costa, al punto de que impida abrirle la puerta a cualquiera de los que creen en ella (10).

Digno de resaltar
- A causa de la verdad que permanece en nosotros, y estará para siempre con nosotros. (2)

- Mucho me regocijé porque he hallado a algunos de tus hijos andando en la verdad, conforme al mandamiento que recibimos del Padre. (4)
- Y ahora te ruego, señora, no como escribiéndote un nuevo mandamiento, sino el que hemos tenido desde el principio, que nos amemos unos a otros (5).
- Y este es el amor, que andemos según sus mandamientos (6).
- Mirad por vosotros mismos, para que no perdáis el fruto de vuestro trabajo, sino que recibáis galardón completo. (8)

Se comenta

No se expresa el nombre de quien saluda, sino una característica: ahora es *el anciano*, lo dice de forma enfática y eminente; posiblemente es el apóstol de mayor edad que queda vivo, el anciano principal de la iglesia de Dios. En la antigua casa de Israel, un anciano era o debía ser reverenciado. Un discípulo anciano es honorable; y un apóstol y líder de avanzada edad lo es más. Ahora era anciano en el santo servicio y en la experiencia, y estaba mucho más cerca que cuando creyó por primera vez.
Matthew Henry

La doctrina de la recompensa y la corona de gloria, que el obrero posee en los frutos de su ministerio, se destaca con fuerza. Esta segunda epístola alerta a los cristianos contra todo lo que es equívoco con respecto a la persona de Cristo, y exhorta a una firmeza inquebrantable sobre este punto.
John Darby

Único e inusual

Segunda de Juan es uno de los cuatro libros del Nuevo Testamento con un solo capítulo, es la carta más breve por el número de versículos: trece.

Aplicación

Al igual que en el tiempo de Juan, los falsos maestros difunden ideas peligrosas en el mundo de hoy. Toda enseñanza debe ser sopesada contra las Escrituras, dice 2 Juan. «El que persevera en la doctrina de Cristo, ése sí tiene al Padre y al Hijo» (9).

3 Juan

Autor
El apóstol Juan, según la tradición de la iglesia. El autor se identifica solo como «el anciano» (1).

Fecha
Aproximadamente en el 92 A.D.

En pocas palabras
Los líderes de la iglesia deben ser humildes, no orgullosos.

Personajes
- *Dios:* Gayo debería seguir cuidando a «los hermanos» en su nombre
- *el nombre:* Jesús; los fieles extienden sus nuevas a pesar de la oposición pagana
- *Diótrefes:* miembro de la iglesia que no quiere saber nada del evangelio verdadero
- *Demetrio:* todos dan buen testimonio de él, aun «la verdad misma»

En el mapa
Al encontrarse las referencias más tempranas de las tres epístolas de Juan en Turquía, se supone que las tres son originarias de Éfeso.

Vistazo general
Dirigida a un creyente llamado Gayo, 3 Juan alaba a aquellos (como Gayo y otro cristiano llamado Demetrio) que «han dado testimonio de tu amor» (1.6). Pero 3 Juan también tiene palabras duras para los cristianos como Diótrefes, «al cual le gusta tener el primer lugar» (9) y se niegan a mostrar amabilidad y hospitalidad con los evangelistas.

Digno de resaltar
- No tengo yo mayor gozo que este, el oír que mis hijos andan en la verdad. (4)
- Amado, fielmente te conduces cuando prestas algún servicio a los hermanos, especialmente a los desconocidos. (5)
- Porque ellos salieron por amor del nombre de Él, sin aceptar nada de los gentiles. Nosotros, pues, debemos acoger a tales personas, para que cooperemos con la verdad. (7–8)

- El que hace lo bueno es de Dios; pero el que hace lo malo, no ha visto a Dios. (11)

Se comenta

Algunos han cuestionado si se trataba del apóstol Juan o no; sin embargo, su estilo y su espíritu parecen brillar en la epístola. Aquellos que son amados por Cristo amarán a los hermanos por su causa. Gayo no podía cuestionar de quién procedía la carta. El apóstol podría haber asumido cargos mucho más ilustres, pero no les pertenece a los ministros de Cristo hacer gala de títulos pomposos y altisonantes. Casi se pone al nivel de los pastores más corrientes de la iglesia, cuando se presenta como «el anciano». O también es posible que la mayoría de los ministros extraordinarios, los apóstoles, hubieran muerto ya, y este santo superviviente aceptara seguir con su ministerio, asumiendo el título más común: el anciano.
Matthew Henry

De nuevo, el apóstol insiste en la verdad como lo que caracteriza el verdadero amor: «A quien amo en la verdad», le dice a Gayo. Se regocijó cuando los hermanos (imagino que aquellos a los que Gayo había recibido en su casa y ayudado durante su estancia) testificaron de la verdad que había en él, ya que en efecto caminaba en la verdad. El apóstol no tenía mayor gozo que oír que sus hijos caminaban en la verdad. Al recibir a aquellos que seguían adelante predicando la verdad, ayudaban a la verdad misma; eran colaboradores de ella.
John Darby

Único e inusual

Tercera de Juan, uno de los cuatro libros con un solo capítulo del Nuevo Testamento, es la segunda más breve por el número de versículos: catorce.

Aplicación

La hospitalidad no es solo para las Martas del mundo; se espera que el cristiano alimente, hospede y aliente a otros creyentes, sobre todo a aquellos que ministran a tiempo completo para Dios. El servicio humilde a los demás sigue el ejemplo de Jesús mismo (Juan 13.14).

JUDAS

AUTOR
Judas (1), posiblemente era medio hermano de Jesús (Mateo 13.55; Marcos 6.33).

FECHA
Aproximadamente el 82 A.D.

EN POCAS PALABRAS
Cuidado con los maestros heréticos y sus peligrosas doctrinas.

PERSONAJES
- *Dios:* Aquel que es capaz de impedir que caigamos
- *Jesús:* su misericordia traerá vida eterna a los creyentes
- *Judas:* un siervo de Jesús; hermano de Santiago
- *hombres impíos:* una influencia inmoral en la iglesia

EN EL MAPA
Debido a que el libro de Judas pretende ser una carta general para los cristianos dondequiera que estén, no lleva dirección ni menciona lugar alguno. Si Judas, el autor, fue pariente de Jesús, es posible que la hubiera escrito desde Jerusalén.

VISTAZO GENERAL
Judas aborda los mismos problemas que Pedro en su segunda carta: los falsos maestros que estaban llevando a la iglesia primitiva por el mal camino. «Murmuradores, querellosos, que andan según sus propios deseos» (1.16), llevando aparentemente la gracia de Dios como una cubierta para su estilo de vida pecaminoso e invitando a los fieles cristianos a hacer lo mismo. Los verdaderos creyentes, afirma Judas, reflejan el amor de Dios, muestran compasión y trabajan para sacar a los pecadores «del fuego» (23).

DIGNO DE RESALTAR
- Misericordia y paz y amor os sean multiplicados. (2)
- Exhortándoos que contendáis ardientemente por la fe que ha sido una vez dada a los santos. (3)
- Pero cuando el arcángel Miguel contendía con el diablo, disputando

con él por el cuerpo de Moisés, no se atrevió a proferir juicio de maldición contra él, sino que dijo: El Señor te reprenda. (9)

- ¡Ay de ellos! porque han seguido el camino de Caín, y se lanzaron por lucro en el error de Balaam. (11)
- Estos son los que causan divisiones; los sensuales, que no tienen al Espíritu. (19)
- A algunos que dudan, convencedlos. A otros salvad, arrebatándolos del fuego. (22–23)
- Y a aquel que es poderoso para guardaros sin caída, y presentaros sin mancha delante de su gloria con gran alegría, al único y sabio Dios, nuestro Salvador, sea gloria y majestad, imperio y potencia, ahora y por todos los siglos. Amén. (24–25)

Se comenta

Respecto a la epístola de san Judas, nadie puede negar que sea un extracto o copia de la segunda epístola de san Pedro, por lo parecidas que son todas las palabras. También habla de los apóstoles como un discípulo que llega mucho después que ellos y cita dichos e incidentes que no se encuentran en ningún otro lugar de las Escrituras. Esto llevó a los primeros padres a excluir esta epístola del cuerpo principal de las Escrituras. Por consiguiente, aunque valoro este libro, es una epístola que no tiene por qué considerarse entre los libros principales que se supone que establecen los fundamentos de la fe.
Martín Lutero

El ámbito general [de Judas] es, en gran parte, el mismo que el del segundo capítulo de la segunda epístola de Pedro. Se escribió para advertirnos contra los seductores y su seducción, para inspirarnos con un cálido amor y una preocupación sincera por la verdad, y para que, en la más estrecha conjunción con la santidad, cuya característica más esencial y consecuencia más indisociable es la caridad, el sincero e imparcial amor fraternal. La verdad a la que debemos aferrarnos para que otros puedan conocerla y no apartarse de ella tiene dos rasgos especiales: es la verdad tal como está en Jesús, y es la verdad conforme a (o según) la piedad.
Matthew Henry

Único e inusual

Judas da detalles de dos hechos del Antiguo Testamento que no aparecen en él: la lucha del arcángel Miguel con Satanás por el cuerpo de Moisés (9) y la profecía de Enoc acerca de los juicios de Dios (14–15).

Satanás trata de infiltrar «agentes secretos» en la iglesia de Dios para confundir y, en última instancia, aplastar a los verdaderos creyentes. Es el trabajo de todo buen cristiano «contender ardientemente por la fe» tal como fue aprobado por los discípulos de Jesús y registrado en la Biblia.

Apocalipsis

Autor
Juan (1.1), probablemente el apóstol.

Fecha
Aproximadamente el 95 A.D.

En pocas palabras
Dios juzgará el mal y recompensará a sus santos.

Personajes
- *Dios:* le da esta revelación a Jesucristo
- *Jesús:* lava los pecados con su sangre
- *Juan:* compañero de sufrimiento y de paciente resistencia
- *el Espíritu Santo:* habla a las siete iglesias de Asia Menor
- *los veinticuatro ancianos:* echan sus coronas ante el trono de Dios
- *la mujer vestida con el sol:* alumbra a aquel que gobernará todas las naciones
- *el dragón escarlata:* sale a guerrear contra el cielo
- *Miguel:* dirige a los ángeles contra el dragón escarlata, que es Satanás

En el mapa
La revelación se produce mientras Juan está en la isla de Patmos, en el mar Egeo.

Vistazo general
Jesucristo mismo se encarga de organizar todo para que Juan reciba una «revelación» de las «cosas que pronto han de acontecer» (1.1). En primer lugar, en los capítulos 2–3, Jesús da las palabras de Juan que desafían y alientan a las siete iglesias: lo bueno, lo malo y lo término medio. Luego la visión cambia al gran trono real de Dios, donde Juan vio al Cordero, que «había sido inmolado» (5.6), quien rompe los siete sellos de un rollo, desatando la guerra, el hambre y otros desastres en la tierra. Un dragón y dos bestias, aliados en contra de Dios, surgen y demandan la adoración de la gente de la tierra que no ha muerto en las catástrofes anteriores. Las fuerzas satánicas y las personas que le siguen se exponen a las «siete copas de la ira de Dios» (16.1), provocando plagas, oscuridad y grandes piedras de granizo en la tierra. La conmoción

destruye a «Babilonia la grande», a los arrogantes del sistema mundial y al mal, justo antes de que un ángel del cielo ate a Satanás, «la serpiente antigua» (20.2), y lo encarcele durante mil años. Después de un breve comunicado para instigar una guerra en todo el mundo, Satanás es arrojado al «lago de fuego y azufre», donde será «atormentado día y noche por los siglos de los siglos» (20.10). Dios revela «un cielo nuevo y una tierra nueva» (21.1), donde se «enjugará toda lágrima» (21.4) de los ojos de ellos.

Digno de resaltar

- El Cordero que fue inmolado es digno de tomar el poder, las riquezas, la sabiduría, la fortaleza, la honra, la gloria y la alabanza. (5.12)
- El que tiene entendimiento, cuente el número de la bestia, pues es número de hombre. Y su número es seiscientos sesenta y seis. (13.18)
- Entonces vi el cielo abierto; y he aquí un caballo blanco, y el que lo montaba se llamaba Fiel y Verdadero, y con justicia juzga y pelea. (19.11)
- Vi un cielo nuevo y una tierra nueva; porque el primer cielo y la primera tierra pasaron, y el mar ya no existía más. (21.1)
- Y vi un gran trono blanco y al que estaba sentado en él, de delante del cual huyeron la tierra y el cielo, y ningún lugar se encontró para ellos. (20.11)

Se comenta

Muchas de las declaraciones de la verdad de Apocalipsis no son únicamente nobles en su forma, sino que conllevan la convicción de que el escritor no era una mera trompeta profética, sino que hablaba de lo que sabía, y daba testimonio de lo que había visto.
George MacDonald

Este último libro completa la «retirada del velo» iniciada en los Evangelios y continuada a lo largo de las epístolas. El último fragmento del velo se retira aquí de su rostro ... y lo vemos en su gloria presente y en la de su Segunda Venida.
Horatius Bonar

Único e inusual

Apocalipsis es un ejemplo de la «literatura apocalíptica», el único libro tal en el Nuevo Testamento. El vocablo *Apocalipsis* implica «revelar información secreta». El libro de Apocalipsis identifica a Jesucristo como «el Alfa y la Omega» (1.8) y revela el número 666 como un signo de «la bestia» (13.18).

Aplicación

«He leído el final del libro» —dice una vieja canción cristiana de los estados del Sur—, «¡y nosotros ganamos!» Dios les ha dado a sus hijos una vista anticipada de cómo acabará este mundo y cómo será el nuevo y mejorado que disfrutaremos para siempre. La maldición del pecado se habrá ido, viviremos en perfecta comunión con el Señor mismo, y vamos a «reinar por los siglos de los siglos» (22.5). Como que coloca nuestros días malos en perspectiva, ¿no es así?